Bellevue

©   Verlag
Zabert Sandmann GmbH, München
7. Auflage 1997
ISBN   3-924678-57-X

Fotografie	Christian von Alvensleben
Zeichnungen	Dieter Hanitzsch
Redaktion	Monika Kellermann
Redaktionelle Mitarbeit	Otto Koch
Grafische Gestaltung	Zero, München
DTP/Satz	Adam Hauer
Herstellung	Peter Karg-Cordes
Lithografie	inteca Media Service GmbH, Rosenheim
Druck/Bindung	Mohndruck, Gütersloh

*Die Christiane Herzog-Stiftung bedankt sich bei
dem Haus „Juwelier Wempe" für die Gestaltung
einer Küchenuhr im Rahmen dieser Aktion.*

Zu Gast bei Christiane Herzog

Mit Fotos von

Christian von Alvensleben

und Zeichnungen von

Dieter Hanitzsch

**ZABERT
SANDMANN**

Inhalt

Mein Kochbuch

Auf den folgenden Seiten stelle ich Ihnen vor,
was mir und meiner Familie am besten schmeckt.
Die Rezepte stammen zum größten Teil aus
Kochbüchern, die meine Großmütter, meine
Schwiegermutter, eine meiner Urgroßmütter sowie
einige andere Familienmitglieder noch mit der Hand
geschrieben haben. Einige Rezepte habe ich auch aus
alten gedruckten Kochbüchern unserer Familie
entnommen. Klassiker der Kochkunst damaliger Zeit.
Seit geraumer Zeit sammelte ich diese Rezepte,
mit dem Hintergedanken, irgendwann einmal
ein kleines Kochbuch für meine Familie zu machen.
Aber wie so oft, blieb der Wunsch der Vater des Gedankens,
denn wie bei den meisten Menschen fehlte es immer an
der nötigen Zeit. In den letzten Jahren haben der
Beruf meines Mannes und meine sozialen Tätigkeiten
viel Platz in meinem Leben eingenommen.

Als mich nun Dieter Hanitzsch bat, einmal darüber
nachzudenken, ob ich nicht meine kleine familiäre
Rezeptesammlung einem größeren Publikum verraten
möchte, war mir die Idee relativ schnell vertraut.
Außerdem konnte ich sein Angebot, den Rezepten
durch Karikaturen aus seiner Feder die nötige
Würze zu geben, keinesfalls ungenutzt lassen.

Der Charakter der Küche

Wer die Rezepte dieses Buches liest, wird unschwer erkennen,
daß viele aus alter Zeit stammen. Damals hat die Hausfrau
nicht täglich einen Braten auf den Tisch gebracht,
schon gar nicht an Wochentagen. Viel eher hat sie
Mehlspeisen oder Kartoffelgerichte angeboten.
Der Speiseplan war also viel bescheidener als heute.

Auch die Arbeitsbedingungen waren anders.
Es gab kaum technische Hilfen, so daß sich die Hausfrau
entweder selbst den ganzen Vormittag ihrer Küche widmen
mußte, oder sie hatte eine Haushaltshilfe, die ihr zumindest
das Zuarbeiten abnahm. Sicherlich hatten die jeweiligen
Bedingungen Einfluß auf die Auswahl der Speisen.
Ein Pfannengericht mit einem Salat nahm auch früher
wesentlich weniger Zeit in Anspruch als ein Braten
oder ein Strudel, wie immer er gefüllt gewesen sein mag.

Interessant war es für mich, anhand der Kochbücher
und Zettelsammlungen die Häuser oder zumindest die Städte
ausfindig zu machen, in denen meine Großmütter und
Urgroßmütter seinerzeit das Kochen gelernt haben. Die Wege
führen hauptsächlich nach Nürnberg und Regensburg;
in einem Fall sogar bis nach Wien. Auch fränkische Elemente habe
ich entdeckt, vor allem bei der Familie meiner Mutter, deren
Vorfahren übrigens auch Speisen aus dem Vogtland mitgebracht haben.

Es wird niemanden überraschen, wenn ich Ihnen erzähle, daß der Charakter meiner Küche überwiegend süddeutsch geprägt ist. Das mag den einen an seine Heimat, den anderen an seinen Urlaub erinnern. In jedem Fall sind die Gerichte so schmackhaft, daß es sich lohnt, sie nachzukochen.

Die Herkunft meiner Rezepte erkennt man auch an manchen Fachausdrücken und Speisenbezeichnungen. In den Kochbüchern meiner Vorfahrinnen wird beispielsweise nie von einem Dessert, sondern stets von Mehlspeisen oder Kompotten gesprochen, und wer in den Kapiteln „Desserts" und „Backen" genauer liest, wird noch mehr Belege dafür finden. Ich habe diese sprachlichen Besonderheiten im allgemeinen beibehalten, um dem Kochbuch seinen Charakter zu belassen. Die alten Maßeinheiten – Lot, Seidel, Schoppen usw. – die auch landschaftlich unterschiedlich waren und die heute ohnehin keiner mehr kennt, habe ich in unser heutiges Maßsystem übertragen.

Daß die Unterschiede zu anderen Küchen nicht immer nur sprachlicher, sondern auch sachlicher Natur sein können, zeigt am besten das Beispiel des „Blaukrauts". Ob man die Pflanze als Kraut oder Kohl bezeichnet, unterliegt allein der landsmannschaftlichen Ausdrucksweise. Der Unterschied in der Farbe ist aber sachlich bedingt: Durch die in Süddeutschland übliche Anwendung von Rotwein oder Rotweinessig werden Kohl oder Kraut wirklich blau, während die Zugabe von Weißweinessig ein eher rötliches Aussehen mit sich bringt. Vielleicht sollte man das Gericht ja stets so benennen, wie es wirklich aussieht.

Ideell habe ich dieses Kochbuch für meine Söhne geschrieben. Der finanzielle Erlös gehört aber den in Deutschland lebenden Mukoviszidose-Betroffenen. Den Leserinnen und Lesern übergebe ich es hiermit und bedanke mich dafür, daß sie mit dem Kauf meines Kochbuches die Christiane Herzog-Stiftung unterstützen.

Die Rezeptesammlung

Die Rezepte spiegeln einerseits die Familientradition, andererseits meine ganz persönlichen Lebensstationen wider. Da ich in meiner Jugend im Allgäu gelebt habe, dürfen natürlich Käsespatzen und Quarknudeln, die im Allgäu Ziegernudeln heißen, nicht fehlen. Die Maultaschen habe ich aus Baden-Württemberg mitgebracht, und der Oberpfälzer Dotsch wurde mir während unserer Bonner Jahre als „Pillekuchen" angeboten. Mein Anliegen war es, möglichst einfache Gerichte vorzustellen, die weder küchentechnisch noch von den Zutaten her einen besonderen Aufwand erfordern. Aber gerade bei dieser Alltagsküche sind eine sorgfältige Zubereitung und eine hohe Qualität der verwendeten Produkte ausschlaggebend für den Wohlgeschmack .

Zeitplanung für eine Einladung

Der Terminkalender war mir zeit meines Lebens ein strenger Begleiter. Gerade in meinem Beruf als Hauswirtschafts-lehrerin war die Einhaltung einer genauen Zeitplanung stets unent-behrlich: ob es nun die Vorberei-tung des Unterrichtsstoffes oder den Unterricht in der Schulküche selbst betraf. Bis heute leiste ich es mir nicht, Zeit zu vergeuden. Ich plane beispielsweise auch eine private Einladung ganz gewissenhaft, damit ich dann alles mühelos alleine bewerkstelligen kann. Wie ich es mache, sehen Sie am nachfolgenden Menü.

Mein Zeitplan für ein Menü für 8 Personen

– Kleiner bunter Salatteller, Sauce Vinaigrette –
– gebeizter Kalbsschlegel mit Spätzle –
– Preiselbeeren und Blaukraut –
– Zimtparfait mit Zwetschgenmus –

Die tragende Säule einer gut geplanten Einladung
ist ein sorgsam überlegter Einkauf. Man überläßt dabei
besser nichts dem Zufall. Vor allem Fleisch muß man
frühzeitig bestellen, damit man sicher sein kann,
das gewünschte Stück zu erhalten. In früheren Jahren
hatte ich immer einen Vorrat unterschiedlichster Fleischsorten
in meinem Tiefkühlgerät, da ich Fleisch direkt
beim Bauern gekauft habe. Heute bestelle ich den
Kalbsschlegel bei einem Biometzger. Lamm- und Putenfleisch
erhalte ich in bester Qualität bei meinem türkischen Metzger.

Mag diese exakte Planung der einen oder anderen Hausfrau
auch etwas zu detailliert, vielleicht sogar zu penibel erscheinen,
eine gute Organisation schützt vor unliebsamen Pannen.
Allein die Einkaufsliste, sorgsam nach den Rezepten
zusammengestellt, bewahrt Sie davor, den Becher Sahne
oder den Speck zum Spicken des Schlegels zu vergessen.

2 Tage vorher:

– Haupteinkauf, nach den Rezepten zusammengestellt –
– Kalbsschlegel in die Beize legen –
– Zwetschgen in Rotwein einweichen –

1 Tag vorher:

– Kalbsschlegel in der Beize wenden –
– Spätzle zubereiten, kalt abbrausen und in einer feuerfesten Form kalt stellen –
– Blaukraut kochen und im Topf zugedeckt kalt stellen –
– Zimtparfait zubereiten und tiefkühlen –
– Zwetschgen falls nötig mit Rotwein aufgießen –

Einladungstag:

Am Nachmittag den Tisch decken, die Weine auswählen und bei Bedarf kühlen.

18.00 Uhr:	Den Schlegel in den Backofen schieben. Zwetschgen kochen und pürieren.
18.00 bis 18.30 Uhr:	Salat putzen, vorbereiten und kühl stellen. Sauce Vinaigrette anrühren.
18.30 bis 19.00 Uhr:	Schlegel begießen, Preiselbeeren in eine Schale füllen und kalt stellen. Spätzle in den Backofen, Blaukraut auf die Kochplatte stellen.
19.00 bis 19.30 Uhr:	Zeit für die Hausfrau, sich fertig zu machen. Schlegel begießen.
19.30 Uhr:	Eintreffen der Gäste, Champagner oder Dessertwein als Aperitif reichen.
19.50 Uhr:	Salat auf die Teller verteilen und mit der Vinaigrette beträufeln. Schüsseln und Platten vorwärmen und den Schlegel begießen.
20.00 Uhr:	Spätzle mit Butterflocken belegen und bei 150° C erwärmen. Blaukraut bei schwacher Hitze erhitzen. Salat mit einem fruchtigen Weißwein servieren.
20.20 bis 20.35 Uhr:	Fleisch aufschneiden und warm stellen, die Sauce sämig einkochen lassen. Fleisch auf einer gewärmten Platte anrichten und die Sauce in die Sauciere geben. Spätzle und Blaukraut in vorgewärmte Schüsseln füllen.
20.35 Uhr:	Den Hauptgang mit einem kräftigen Weißwein servieren! Parfait aus dem Gefriergerät nehmen und in den Kühlschrank stellen.
21.10 Uhr:	Zwetschgen erwärmen. Das Parfait stürzen und in Scheiben schneiden.
21.20 Uhr:	Dessert mit Champagner bzw. mit dem für die Zwetschgen verwendeten Rotwein (fällt ein wenig aus dem Rahmen, ist aber hier angebracht) servieren.

So sehr ich die Vorspeise bei einem gepflegten Essen
in einem Restaurant auch schätze, zu Hause bereite ich selten eine zu.
Wenn man tagtäglich seine Familie mit einem Mittagessen und
einer Abendmahlzeit zu versorgen hat, kommen raffinierte Vorspeisen
meist zu kurz. Deshalb habe ich den Auftakt meines Kochbuches
nicht wie üblich als Vorspeisenkapitel bezeichnet, obwohl sich einige
der nachfolgenden Rezepte sehr wohl dafür eignen, sondern
ich möchte Ihnen einige Anregungen geben für kleine Gerichte,
Saucen und Salate, die man sowohl als Vorspeise als auch
als Brotzeit oder kleines Abendessen servieren kann.

Für Sie habe ich ein buntes Potpourri zusammengestellt,
aus dem Sie mit etwas Phantasie sicherlich neue köstliche Gerichte
kreieren können. So kann man zum Beispiel mit der Sauce
Vinaigrette oder der Mayonnaise beliebige Salate zubereiten.
Meine Familie liebt würzige Saucen, und deshalb habe ich
im Laufe der Zeit viele erfunden, von denen ich Ihnen gerne
einige verrate. Ob beim Grillen oder als Dip bei einer Party –
pikante Saucen mögen jung und alt.

Neu wird vielleicht für den einen oder anderen
der Kohlrabisalat auf Seite 33 sein. So simpel das Rezept klingt –
ich finde es besonders gut. Meiner Meinung nach sind oftmals
die einfachen Gerichte die besten. Probieren Sie ihn zu
kaltem Braten, zu Gegrilltem oder einfach zu einem Butterbrot.
Apropos Butterbrot: Ein kräftig gewürztes Bauernbrot, bestrichen
mit frischer Landbutter vom Faß, das ist für mich ein Genuß, der
kaum zu übertreffen ist. Denn einzig und allein die Qualität macht's!

Geflügelleberpastete

Für 4 Personen

Für den Blätterteig:
250 g Mehl, 1 Prise Salz
15 g Butter, 8–9 EL kaltes Wasser, 250 g Butter
Für die Farce:
2 Brötchen, 300 g Geflügelleber
30 g Butter, 2 Zwiebeln, 400 g Kalbfleisch von der Schulter
100 g frischer (grüner) Speck, 850 g Hackfleisch vom Kalb
Salz, frisch gemahlener Pfeffer, Paprika, frisch geriebene Muskatnuß
6 kleine Champignons, 3 Wacholderbeeren
½ Knoblauchzehe, 2 Eier, 4 cl Sherry, 1 Eigelb

1. Mehl mit Salz, Butter und kaltem Wasser zu einem mittelfesten, glatten Teig verkneten. Zugedeckt 15 Minuten ruhen lassen.

2. Zu einem Quadrat ausrollen, die gut gekühlte Butter in die Mitte legen und mit den überstehenden Teigrändern so einschlagen, daß sie völlig bedeckt ist. Das Teigpaket umdrehen und mit einem Nudelholz ausrollen. Dann den Teig zweimal so übereinanderschlagen, daß eins auf zwei und drei auf eins liegen, also drei gleiche Teile übereinanderliegen. Zugedeckt 10 Minuten ruhen lassen.

3. Nun von der entgegengesetzten Seite her ausrollen, damit die Längsseite nun die Querseite wird. Erneut gegeneinander einschlagen und 10 Minuten ruhen lassen. Diese Prozedur noch zweimal wiederholen, dann im Kühlschrank, am besten über Nacht, ruhen lassen.

4. Für die Farce die Geflügelleber säubern, waschen, in Würfel schneiden und in heißer Butter anbraten. Das Kalbfleisch mit dem grünen Speck durch den Fleischwolf drehen.

Mit dem Hackfleisch vermischen und ein zweites Mal durchdrehen. Alles bis auf die gebratene Leber miteinander verrühren und würzen. Den Backofen auf 180° C vorheizen.

5. Eine Kastenform von 2 Litern Inhalt kalt ausspülen und mit zwei Dritteln des Blätterteiges auskleiden. Die Hälfte der Fleischmasse einfüllen, die Leberwürfel darüber geben und die zweite Fleischteighälfte darüber verteilen. Andrücken und mit dem restlichen Blätterteig verschließen.

6. Mit einem Ausstecher einige kleine „Kaminlöcher" ausschneiden. Restlichen Blätterteig ausrollen, beliebig ausstechen und die Pastete damit verzieren. Mit verquirltem Eigelb bestreichen. Einen Bräter handbreit mit kochendem Wasser füllen. Die Form hineinstellen und im vorgeheizten Backofen 120 Minuten garen.

7. Die Pastete in der Form abkühlen lassen und vor dem Anschneiden mindestens 2 Tage im Keller oder Kühlschrank ruhen lassen.

Fleischsülze (Großmutters Verfahrensweise)

Für 6–8 Personen

2 Kälberfüße, 2 Schweineohren
1 Schweinefuß, 500 g Rindfleisch (vom Wadschenkel)
3 Karotten, 2 Petersilienwurzeln, 1–2 große Zwiebel gespickt mit
4–5 Gewürznelken, 1 Scheibe einer unbehandelten Zitrone
einige Pfefferkörner, 2 Lorbeerblätter
Salz, ca. ¼ l Essig
2 Eiweiß

1. Kälberfüße, Schweineohren, Schweinefuß und Rindfleisch waschen. Das Gemüse schälen und in kleine Stücke schneiden. Alles mit den Gewürzen in einen großen Topf geben und so viel Wasser darüber gießen, bis alles bedeckt ist.

2. Bei mittlerer Hitze langsam zum Kochen bringen. Den sich bildenden Schaum immer wieder abschöpfen. Kurz bevor das Fleisch weich ist, die Brühe salzen.

3. Weichgekochtes Rindfleisch, Füße und Ohren herausheben und die Brühe etwa um ein Drittel einkochen lassen. Dann den Topf von der Kochplatte nehmen und das Fett mit einem Eßlöffel abschöpfen. Erkalten lassen.

4. Anschließend die verquirlten Eiweiß unter die Brühe rühren, erneut erwärmen und durch ein mit einem Mulltuch ausgelegtes Sieb abseihen.

5. Das abgekühlte Rindfleisch in kleine Würfel oder feine Streifen schneiden. In eine Kastenform oder in eine Glasschüssel oder auf vier tiefe Teller verteilen.

6. Die Sülzflüssigkeit mit Salz und Essig sehr kräftig abschmecken. Man muß den Eindruck haben, die Flüssigkeit ist viel zu scharf. Das Fleisch so damit übergießen, daß es völlig bedeckt ist. Mindestens einen Tag im Kühlschrank oder im Keller gelieren lassen.

*Will man die Sülze als Vorspeise reichen,
füllt man sie in kleine Förmchen oder in Tassen
und serviert sie gestürzt auf einem kleinen Salat.*

Fleischsalat

Für 4 Personen

250 g gekochtes, mageres Rindfleisch
250 g gebratenes Kalbfleisch
200 g gekochter Schinken
200 g Fleischwurst (Lyoner)
2 aromatische, mürbe Äpfel (z. B. Boskop)
6 Essiggurken
2 EL Kapern
4 hartgekochte Eier
2 rohe Eigelb
1 TL mittelscharfer Senf
Salz, frisch gemahlener Pfeffer
2–3 EL Weißweinessig

1. Rind- und Kalbfleisch, Schinken, Wurst, die geschälten und entkernten Äpfel sowie die Essiggurken in feine Streifen schneiden. Alles in eine Schüssel geben und die Kapern sowie das in kleine Würfel geschnittene Eiweiß der hartgekochten Eier darunter mischen.

2. Die gekochten Eigelb reiben oder mit einer Gabel fein zerdrücken und unter Rühren mit einem Schneebesen die rohen Eigelb und den Senf dazugeben. Mit Essig, Salz und Pfeffer würzen und zu einer Sauce verrühren.

3. Die Sauce über die Salatzutaten gießen und mit einem Salatbesteck gründlich vermischen. Vor dem Servieren einige Stunden im Kühlschrank durchziehen lassen.

Mischen Sie einmal in Streifen geschnittene, gekochte rote Bete oder auch Reste von kaltem Schweinebraten unter den Salat.

Kartoffelsalat

Für 4 Personen

1 kg festkochende Kartoffeln
1–2 Zwiebeln
¼ l Fleischbrühe
4–6 EL Weißweinessig
Salz, frisch gemahlener Pfeffer
100–150 g durchwachsener Räucherspeck
1 Bund Schnittlauch

1. Die Kartoffeln waschen und garen. Anschließend abdampfen lassen und schälen. Noch warm in dünne Scheiben schneiden.

2. Die Zwiebeln schälen, in kleine Würfel schneiden und zu den Kartoffeln geben.

3. Die Fleischbrühe mit Salz, Pfeffer und Essig verquirlen, über die Salatzutaten gießen und mit einem Salatbesteck locker vermischen. Etwa 15 Minuten durchziehen lassen.

4. Inzwischen den Speck in sehr kleine Würfel schneiden und in einer Pfanne bei mittlerer Hitze ausbraten. Sofort über den Salat gießen und alles gut miteinander vermischen.

5. Noch warm mit feingeschnittenem Schnittlauch bestreut servieren.

Bei dieser Art von Kartoffelsalat dürfen die Kartoffeln beim Schneiden etwas zerfallen, deshalb unbedingt eine festkochende Kartoffelsorte, zum Beispiel Sieglinde oder Selma, verwenden. Noch besser schmeckt der Salat, wenn man statt der Speckwürfel warmes Gänseschmalz untermischt.

Handkäs mit Musik

Für 4 Personen

2 Rollen Harzer Käse
2 Zwiebeln
2–3 EL Weißweinessig
Salz
frisch gemahlener Pfeffer
3–4 EL Keimöl
1 Bund Schnittlauch

1. Den Käse in ½ cm dicke Scheiben schneiden und in eine flache Schüssel oder in tiefe Teller legen.

2. Die Zwiebeln schälen und am besten auf einem Gurkenhobel in feine Ringe schneiden. Über den Käsescheiben verteilen.

3. Essig mit Salz, Pfeffer und etwas Wasser verrühren und unter weiterem Rühren das Öl dazugießen.

4. Die Marinade über den Käse gießen und mindestens 1 Stunde ziehen lassen.

5. Mit feingeschnittenem Schnittlauch bestreut servieren. Dazu passen frisch gebackenes Bauernbrot und Butter oder knusprige Brezen.

Der magere Sauermilchkäse ist an warmen Sommertagen ein ideales Abendessen. Der Salat ist sehr eiweißreich, enthält wenig Kalorien und schmeckt angemacht mit Essig und Keimöl herrlich erfrischend.

Obatzda

Für 4 Personen

200 g weicher, vollreifer Camembert
100 g Butter
1 kleine Zwiebel
reichlich Paprikapulver (edelsüß)
frisch gemahlener Pfeffer
1 Msp gemahlener Kümmel
evtl. 1 EL feingeschnittener Schnittlauch

1. Camembert und Butter mindestens zwei Stunden vor der Verarbeitung bei Zimmertemperatur stehen lassen.

2. Den Käse in kleine Stücke schneiden, die Butter in kleinen Flocken dazugeben und mit einer Gabel fein zerdrücken.

3. Die Zwiebel schälen, in kleine Würfel schneiden und mit der Käse-Butter-Mischung zu einer cremigen, aber nicht zu glatten Masse verrühren.

4. Mit Paprika, Pfeffer, Kümmel und etwas Salz herzhaft würzen. Wer möchte, streut feingeschnittenen Schnittlauch darüber. Dazu passen Rettich und ein würziges Bauernbrot.

Der bayerische Name „Obatzda" ist schwer ins Hochdeutsche zu übersetzen. „Batzen" bedeutet nämlich mehr das hochdeutsche „Patzen", es umfaßt beispielsweise auch das Kneten. „Obatzda" ist also eine Art „gekneteter" Camembert. Als bayerische Spezialität, darf er bei keiner Biergartenbrotzeit fehlen. Dieses Rezept ist die ursprüngliche Variante.

Schinkenkuchen

Für 4 Personen

Für den Quarkblätterteig:
250 g Mehl, 250 g Magerquark (gut abgetropft)
250 g Butter, 1 Prise Salz
getrocknete Erbsen oder Linsen zum Blindbacken
Für den Belag:
etwa 4 EL Semmelbrösel, 100 g Schinkenspeckwürfel
2 große Zwiebeln, 200 g gekochter Schinken
150 g Champignons, 10 g Butter, 4 Eier, 150 g frisch geriebener Käse, Salz
frisch gemahlener Pfeffer, frisch geriebene Muskatnuß
200 g Crème fraîche oder Schmant

1. Die angegebenen Zutaten rasch zu einem glatten Teig verkneten und im Kühlschrank 30 Minuten ruhen lassen. Anschließend wie Blätterteig weiterverarbeiten (s. auf Seite 20).

2. Den Backofen auf 200° C vorheizen. Die Teigmenge halbieren und auf einem bemehlten Backbrett messerrückendick ausrollen. Kreise im Durchmesser von etwa 30 cm ausschneiden und zwei gefettete Quicheformen (26 cm Durchmesser) damit auskleiden.

3. Um das Zurückweichen des Randes zu vermeiden, ist es ratsam, den Boden blind vorzubacken. Das heißt, den Teig mit Alufolie belegen und mit Hülsenfrüchten in Randhöhe auffüllen. Im heißen Backofen 15 bis 20 Minuten vorbacken.

4. Die Böden von Hülsenfrüchten und Alufolie befreien und mit Semmelbröseln und Schinkenspeck bestreuen.

5. Die geschälten Zwiebeln und den Schinken in kleine Würfel schneiden. Die geputzten Champignons in Scheiben schneiden und in erhitzter Butter andünsten. Die Eier verquirlen und die Zwiebel- und Schinkenwürfel, den geriebenen Käse und die Pilze untermischen. Mit Salz, Pfeffer und Muskat würzen und auf den vorgebackenen Böden verteilen. Mit Crème fraîche oder Schmant bestreichen.

6. Die Kuchen nacheinander auf der mittleren Schiene des heißen Backofens in 30 Minuten fertig backen. Heiß servieren!

*Dieser Schinkenkuchen schmeckt
frisch aus dem Backofen mit Salat als kleine Mahlzeit,
aber auch lauwarm zu einem Gläschen Wein.*

Spinatpudding mit Buttersauce

Für 4 Personen

Für den Spinatpudding:
3 Handvoll frische junge Spinatblätter
6 Eier, 100 g Weißbrot, knapp ⅛ l Milch
1 Zwiebel, 40 g Butter, 50 g Kochschinkenwürfel
Salz, frisch gemahlener Pfeffer
Butter und Brösel für die Form
Für die Buttersauce:
70 g Butter, 35 g Mehl, ⅛–¼ l Fleischbrühe
1 Eigelb, etwas Zitronensaft

1. Die Spinatblätter sorgfältig verlesen, gründlich waschen und in kochendem Salzwasser kurz blanchieren. In eiskaltem Wasser abschrecken und gut ausdrücken.

2. Die Eier trennen. Das Eiweiß zu steifem Schnee schlagen und kalt stellen. Das Weißbrot in Milch einweichen.

3. Die Zwiebel schälen und mit den Spinatblättern fein wiegen. Die Butter in einer Kasserolle zerlaufen lassen und die Spinat-Zwiebel-Mischung darin andünsten. Das ausgedrückte Weißbrot untermischen und nach und nach die Eigelb und die Schinkenwürfel unterrühren. Zum Schluß den gut gekühlten Eischnee vorsichtig unterheben.

4. Eine Kochpuddingform mit Butter ausfetten und mit Semmelbröseln ausstreuen. Die Masse in die Puddingform füllen, mit dem passenden Deckel gut verschließen und im Wasserbad 1 Stunde garen.

5. In der Zwischenzeit die Butter zerlassen und das Mehl unterrühren. Mit kochender Fleischbrühe aufgießen, durchkochen lassen und schaumig schlagen. Mit dem Eigelb legieren und mit etwas Salz und Zitronensaft leicht säuerlich abschmecken.

6. Den Pudding herausnehmen und kurz ruhen lassen. Dann auf eine flache, vorgewärmte Platte stürzen und mit Buttersauce begießen.

*Die Sauce muß ziemlich dick sein.
Es empfiehlt sich also, erst mit wenig Fleischbrühe aufzugießen
und falls nötig etwas nachzugießen.*

Kräutersauce

Für 4 Personen

2 Scheiben Weißbrot
2 Eier
1 Eidotter
2–4 EL Olivenöl
1 Bund gemischte Frühlingskräuter (z.B. Schnittlauch, Petersilie, Basilikum, Estragon, Zitronenthymian, Borretsch und Salbei)
Salz, frisch gemahlener Pfeffer
1 EL Weißweinessig

1. Das Weißbrot entrinden und in kaltem Wasser einweichen.

2. Die Eier und das Eigelb mit den Schneebesen eines Handrührgerätes kräftig schlagen. Nach und nach das ausgedrückte und zerpflückte Weißbrot mit unterschlagen. Tröpfchenweise das Olivenöl dazugießen und so lange weiterschlagen, bis eine sämige Sauce entsteht.

3. Die Kräuter kurz waschen, trockenschütteln und die Blätter abzupfen. Mit dem Wiegemesser fein wiegen und unter die Sauce rühren. Mit Salz, Pfeffer und Essig würzig abschmecken.

Auf diese Weise läßt sich jede beliebige Kräutersauce zubereiten. So kann man zum Beispiel nur Schnittlauch oder nur Petersilie untermischen. Ein bißchen feingeriebene Knoblauchzehe verleiht der Sauce noch etwas mehr Pep.

Sauce Vinaigrette

Für 4 Personen

1 hartgekochtes Ei
2 TL scharfer Senf
6 EL Keimöl
1 Zwiebel
2 EL feingewiegte Kräuter
4 EL Balsamico-Essig
2 EL Rotwein
Salz, frisch gemahlener Pfeffer
etwas Zucker

1. Das Ei mit der Gabel sehr fein zerdrücken. Den Senf dazugeben und unter Rühren mit einem kleinen Schneebesen 2 Eßlöffel Öl dazugießen. So lange rühren, bis eine sämige Sauce entsteht.

2. Zwiebel schälen und in kleine Würfel schneiden. Mit den feingehackten Kräutern unter die vorbereitete Sauce rühren und nach und nach Essig, Rotwein und das restliche Öl unterschlagen.

3. Mit Salz, Pfeffer und Zucker würzig abschmecken.

Durch den Balsamico-Essig wird die Vinaigrette dunkel. Wenn ich aus optischen Gründen eine helle Sauce möchte, so verwende ich entweder Champagneressig oder einen Weißweinessig. Eine besonders aparte Geschmacksnote bekommt die Vinaigrette, wenn man nicht nur eine Essigsorte, sondern drei unterschiedliche verwendet, zum Beispiel Balsamico-Essig, hellen Kräuter- und etwas Aperitifessig.

Mayonnaise

Für 4 Personen

2 Eigelb
¼ l Olivenöl
1 TL mittelscharfer Senf
etwas Zitronensaft
Estragonessig nach Geschmack
Salz, frisch gemahlener weißer Pfeffer

1. Die Eigelb in eine kleine Schüssel geben,
1 Eßlöffel Olivenöl hinzufügen und mit den
Schneebesen eines Handrührgerätes schaumig
schlagen.

2. Senf, Zitronensaft, etwas Estragonessig, Salz
und Pfeffer dazugeben und tröpfchenweise
das restliche Olivenöl unterschlagen. So lange
schlagen, bis die Mayonnaise cremig ist.

*In einem Mixer oder mit Hilfe eines Stab-
mixers läßt sich Mayonnaise noch problemloser
und ganz rasch zubereiten.*
*Mit Keimöl zubereitet wird die Mayonnaise
leichter bekömmlich. Wer sie dennoch schlecht
verträgt, macht statt dessen die kalte Buttersauce von Seite 30.*

Sauce à la Bourguignonne

Für 4 Personen

4 große Äpfel
4 große Zwiebeln
6 EL möglichst kleine Kapern
7–10 Essiggurken (je nach Größe)
Mayonnaise (doppeltes Mayonnaisenrezept)
1–2 EL Curry

1. Äpfel und Zwiebeln schälen, die Äpfel halbieren und entkernen. 3 Äpfel und die gleiche
Menge Zwiebeln, 4 Eßlöffel Kapern und
6 Essiggurken im Mixer fein pürieren.

2. Den restlichen Apfel, die Zwiebel
sowie die restlichen Essiggurken in winzige
Würfel schneiden und mit den Kapern unter
die pürierte Mischung rühren.

3. Die Mayonnaise nach nebenstehendem
Rezept zubereiten, die vorbereitete Mischung
unterrühren und mit Curry und falls nötig
mit Salz würzen. Die Sauce soll ziemlich
scharf sein. Mindestens vier Stunden, am besten über Nacht, im Kühlschrank durchziehen
lassen.

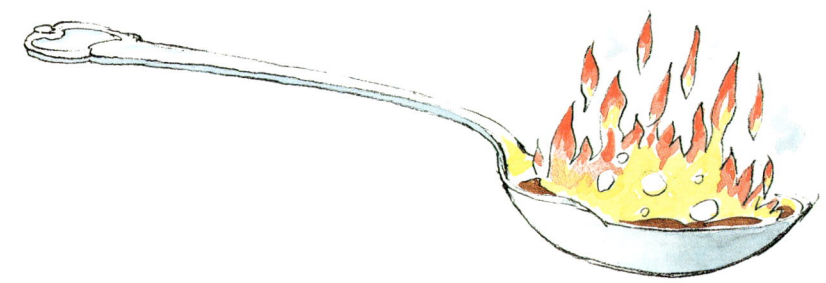

Aioli

Für 4 Personen

1 Eigelb
1 TL Senf
4–8 frische Knoblauchzehen (nach Geschmack)
Meersalz
⅛ l Olivenöl
frisch gemahlener Pfeffer
Cayennepfeffer
etwas Zitronensaft

1. Eigelb und Senf mit einem Schneebesen cremig rühren.

2. Die Knoblauchzehen schälen, in Stücke schneiden und in einem Mörser mit etwas Meersalz fein zerreiben. Unter die Eigelb-Senf-Mischung rühren und tröpfchenweise unter ständigem Schlagen mit einem Schneebesen das Olivenöl dazugießen.

3. Die Knoblauchmayonnaise mit Pfeffer, Cayennepfeffer und etwas Zitronensaft würzig abschmecken.

Aioli, die würzige Knoblauch-Mayonnaise, paßt vorzüglich zu gegrilltem Fisch. Bereiten Sie die Sauce nur aus frischen, saftigen Knoblauchzehen zu, nur dann schmeckt die Mayonnaise richtig aromatisch.

Cumberlandsauce

Für 4 Personen

2 unbehandelte Orangen
250 g eingemachte Preiselbeeren
250 g Johannisbeergelee
3 EL Blutorangensirup
2 cl Cognac
2 cl Cointreau
1 TL gemahlener Ingwer
einige Spritzer Chilisauce oder Tabasco

1. Die Orangen dünn schälen und die Schale in feine Streifen schneiden. Kurz in wenig kochendem Wasser blanchieren.

2. Die Orangen entsaften und mit Preiselbeeren, Johannisbeeren, Orangensirup, Cognac, Cointreau und Ingwer verrühren. Zum Schluß die Orangenjulienne unterziehen.

3. Mit Chilisauce oder Tabasco pikant abschmecken und mindestens 6 Stunden im Kühlschrank durchziehen lassen.

Cumberlandsauce ist der Saucenklassiker zu allen Wildgerichten. Mit selbst eingemachten Waldpreiselbeeren und selbst eingekochtem Johannisbeergelee schmeckt die Sauce natürlich am feinsten.

Kalte Buttersauce

Für 4 Personen

2 hartgekochte Eier
100 g Butter
1 kleine Schalotte
1 EL frisch gehackte Petersilie
1 EL feingeschnittener Dill
1 TL gehackte Kapern
etwas Weißweinessig, Salz
frisch gemahlener weißer Pfeffer

1. Die Eier schälen, halbieren und die Eigelb herauslösen. Die Eigelb durch ein Sieb streichen. Die zimmerwarme Butter dazugeben und mit den Schneebesen eines Handrührgerätes sehr schaumig schlagen.

2. Die Schalotten schälen und wie das hartgekochte Eiweiß fein hacken. Mit den Kräutern zu der Butter-Ei-Mischung geben und weiter schaumig schlagen. Es muß eine cremig-geschmeidige Sauce entstehen.

3. Mit etwas Essig, Salz und Pfeffer herzhaft abschmecken und bis zum Gebrauch kalt stellen.

Diese Sauce serviere ich besonders gerne zu frisch gekochtem Spargel. Sie kann aber auch zu allen Gerichten gereicht werden, zu denen eine Mayonnaise passen würde.
Die zugefügten Kräuter sind natürlich austauschbar. Uns schmeckt die Sauce zum Beispiel auch nur mit Schnittlauch verfeinert sehr gut.

Avocadosauce

Für 4 Personen

2 vollreife Avocados
3–4 EL Zitronensaft
4 EL trockener Weißwein
1/8 l Sahne
1 TL Worcestersauce
Salz, frisch gemahlener Pfeffer
evtl. 1 EL gehackte Petersilie

1. Die Avocados schälen, halbieren, den Kern herauslösen und das Fruchtfleisch mit einer Gabel sehr fein zerdrücken, dabei Zitronensaft und Weißwein dazugeben.

2. Die Sahne steif schlagen und locker unter das Avocadomus heben. Mit Worcestersauce, Salz und Pfeffer würzig abschmecken.

3. Besonders appetitlich sieht die Sauce aus, wenn man zum Schluß noch etwas frisch gehackte Petersilie unterhebt. Rasch servieren, da die Sauce relativ schnell die schöne grüne Farbe verliert.

Diese Sauce schmeckt hervorragend zu Steaks und Schnitzeln.
Bereiten Sie die Sauce nur mit vollreifen Avocados zu. Das Fruchtfleisch muß sich leicht zerdrücken lassen. Noch unreife, harte Früchte haben kaum Aroma und es ist schade um die Mühe.

Gekochter Selleriesalat

Für 4 Personen

3 kleine Sellerieknollen (mit Grün)
1 kleine Zwiebel
3–4 EL Weißweinessig
Salz, frisch gemahlener Pfeffer
4 EL Keimöl

1. Von den Sellerieknollen das Grün abschneiden. Die Blätter nicht wegwerfen, man kann sie beim Kochen einer Fleischbrühe als Würze verwenden. Die inneren zarten Blätter aufbewahren. Die Sellerieknollen mit einer Bürste unter fließend kaltem Wasser gründlich schrubben. In reichlich kochendem Salzwasser in 35 bis 40 Minuten weich kochen.

2. Die Knollen mit einem Schaumlöffel herausheben und in kaltes Wasser legen. Etwas abkühlen lassen, dann abschälen. Einige Eßlöffel Kochwasser aufbewahren.

3. Die Knollen noch lauwarm mit einem Buntmesser in messerrückendicke Scheiben schneiden und auf einer tiefen Salatplatte schuppenförmig anrichten. Die Zwiebel schälen, in kleine Würfel schneiden und darüber streuen.

4. Essig, Salz und Pfeffer mit etwas Selleriekochwasser verquirlen, dann das Öl unterrühren und die Selleriescheiben damit mehrmals übergießen. Mindestens 1 Stunde durchziehen lassen.

Wer möchte, bestreut den Salat mit feingehackten zarten Sellerieblättern.

Roher Selleriesalat

Für 4 Personen

2 kleine Sellerieknollen (mit Grün)
Saft einer ½ Zitrone
2 aromatische, mürbe Äpfel (am besten Cox' Orange oder Boskop)
1 kleine Zwiebel
etwas Walnußöl oder Sahne
etwas Salz und Zucker

1. Von den Sellerieknollen das Grün abschneiden. Die Blätter nicht wegwerfen, man kann sie beim Kochen einer Fleischbrühe als Würze verwenden. Die inneren zarten Blätter aufbewahren. Die Sellerieknollen mit einer Bürste unter fließend kaltem Wasser gründlich schrubben und mit einem Gemüsemesser abschälen.

2. Mit der Hand auf einer Gemüsereibe oder mit Hilfe einer Küchenmaschine fein reiben. Sofort mit Zitronensaft übergießen, damit die Sellerieraspeln schön weiß bleiben.

3. Die Äpfel schälen, ebenfalls fein reiben und sofort mit den Sellerieraspeln vermischen. Die Zwiebel schälen, in kleine Würfel schneiden und unter die Rohkost mischen.

4. Walnußöl oder Sahne unterrühren und mit Salz und etwas Zucker abschmecken. Falls nötig noch mit etwas Zitronensaft nachwürzen.

In gleicher Weise kann aus rohen geriebenen oder in Julienne geschnittenen Möhren oder Zucchini ein knackiger Salat zubereitet werden.

Weißkrautsalat

Für 4 Personen

1 kleiner Weißkohl, Salz
1 große Zwiebel
150–200 g durchwachsener Speck
2 EL Gänseschmalz
3–4 EL Weißweinessig
Salz, frisch gemahlener Pfeffer
etwas gemahlener Kümmel

1. Die äußeren Blätter des Kohlkopfes entfernen, den Kohl vierteln und den harten Strunk herausschneiden. Die Kohlviertel in feine Streifen schneiden oder auf einem Gurkenhobel fein hobeln und in eine große Schüssel geben.

2. Mit etwas Salz bestreuen und entweder mit den Händen kneten oder mit einem großen Stößel so lange stampfen, bis die Kohlstreifen mürbe sind. Die Zwiebel schälen und in Würfel geschnitten untermischen.

3. Den Räucherspeck in kleine Würfel schneiden und in einer Pfanne glasig braten. Dann das Gänseschmalz dazugeben und darin schmelzen lassen. Den Essig erhitzen und mit der Speck-Gänseschmalz-Mischung unter den Salat mengen.

4. Mit Salz, Pfeffer und Kümmel herzhaft abschmecken, gut durchmischen und bei Zimmertemperatur einige Stunden ziehen lassen.

Das Gänseschmalz verleiht dem Krautsalat nicht nur sein glänzendes Aussehen, sondern auch einen besonders guten Geschmack.

Kohlrabisalat

Für 4 Personen

4 mittelgroße Kohlrabi
Salz
2–3 EL Weißweinessig
2–3 EL Keimöl

1. Von den Kohlrabi die Blätter entfernen, dabei die inneren zarten Blätter aufbewahren. Die Kohlrabi schälen und in Würfel schneiden. In wenig kochendem Salzwasser bißfest kochen. Auf einem Durchschlag abtropfen lassen und etwas von der Kochflüssigkeit aufbewahren. Die gegarten Gemüsewürfel in eine flache Schüssel geben.

2. Etwa ⅛ Liter des Kochwassers mit Essig, Salz und Keimöl verquirlen und das Gemüse damit marinieren. Gut durchziehen lassen und nicht zu kalt servieren.

3. Die zurückgelassenen zarten Kohlrabiblätter fein hacken und den Salat damit bestreuen.

Auf die gleiche Weise kann auch Blumenkohl- oder Broccolisalat zubereitet werden.

Eine heiß dampfende Suppe schmeckt eigentlich zu
jeder Tageszeit. Morgens beruhigt eine feine Haferschleimsuppe
sanft den sensiblen Magen. Vormittags dämpft eine Tasse
kräftige Rinderbouillon den ersten Hunger, wenn wieder einmal
keine Zeit zum Kochen bleibt. Ich persönlich vermisse nichts,
wenn mein Mittagessen lediglich aus einer herzhaften Suppe
und einem kleinen Nachtisch besteht. Ganz besonders wohltuend
ist eine Kraftbrühe mit eingerührtem Eigelb am Abend
nach einem strapaziösen Tag. Und wer schätzt nicht nach
einem feuchtfröhlichen Fest ein würziges Mitternachtssüppchen.
Wann auch immer: Eine Suppe hält Leib und Seele zusammen.

Meine Mutter kochte samstags immer Eintopf; mal mit mehr,
mal mit weniger Fleisch, aber immer gleich so viel, daß
für den Montag noch etwas übrig blieb. Montags war nämlich
früher der obligatorische Waschtag und – ohne Waschmaschine –
ein harter Arbeitstag für jede Hausfrau. So war man froh, wenn
schon vorgekocht war. Wir Kinder rümpften keineswegs die Nase,
sondern freuten uns auf das Reste-Essen, denn aufgewärmt
schmecken fast alle Eintöpfe besser.

Meine Liebe zu Eintöpfen und Suppen hat sich auch auf
meine Familie übertragen. Ich achte deshalb darauf, daß immer
eine Rinder-, Kalbs- oder Gemüsebrühe im Gefriergerät vorrätig ist.
Habe ich einmal wenig Zeit zum Kochen, ist die ganze Familie
mit einem heißen Süppchen, angereichert mit Suppennudeln
oder verquirlten Eiern, glücklich und zufrieden.

Fleischbrühe, Kraftbrühe, Rinder- und Kalbsfond

Für 4–6 Personen

Für die Fleischbrühe:
1 Handvoll Suppenknochen
2 Markknochen, 1 Stückchen Rinderleber oder -milz
1 große Karotte, 1 Petersilienwurzel
1 dünne Lauchstange, ¼ Sellerieknolle, ½ Bund Petersilie
750 g Ochsenfleisch von der Schulter, 1 EL Salz

1. Suppenknochen und Markknochen unter fließend kaltem Wasser waschen und mit der Leber bzw. der Milz in einen großen Kochtopf geben. Mit ca. 3 Liter kaltem Wasser begießen und zum Kochen bringen.

2. Das Gemüse putzen, kleinschneiden und mit der Petersilie und dem Fleisch in das kochende Wasser geben. Salzen und etwa 2½ Stunden bei schwacher Hitze köcheln lassen.

3. Nachdem das Fleisch weich ist, etwas kaltes Wasser in die Brühe gießen. Das ist meine schnelle Methode, Brühen zu klären. Man kann sie aber auch wie bei der Fleischsülze auf Seite 21 beschrieben klären.

4. Das Fleisch herausnehmen und für ein anderes Gericht weiterverwenden. Die Fleischsuppe vorsichtig durch ein feines Sieb gießen und kühl stellen. Dadurch erstarrt das Fett und die Brühe kann leichter entfettet werden.

Variationen:
• Will man daraus einen Rinderfond zubereiten, läßt man die Brühe je nach gewünschter Konzentration entsprechend lange einkochen (reduzieren).

• Der Kalbsfond wird auf die gleiche Weise wie Rinderfond aus 500 g Kalbsknochen von den Rippen, 250 g kleingehackter Kalbsschulter, 1 Karotte, 1 Petersilienwurzel, 1 Bund Petersilie zubereitet.

• Für die Kraftbrühe schneidet man 500 bis 750 g sehr mageres Rindfleisch in kleine Würfel. 1 kleingeschnittene Zwiebel, 1 kleingeschnittene Karotte und 4 bis 5 Pfefferkörner hüllt man in ein Leinensäckchen und gibt es mit den Fleischwürfeln in den Kochtopf. Mit so viel Wasser begießen, daß das Fleisch bedeckt ist. Bei mittlerer Hitze weich kochen. Den entstandenen Extrakt abgießen, 1 bis 2 verquirlte Eigelb unterrühren und servieren. Diese Kraftbrühe „weckt Tote wieder auf"!

Das gekochte Ochsenfleisch schmeckt mit etwas Brühe begossen
gut als Tellerfleisch. Das Mark der Markknochen auf ein Schwarzbrot gestrichen
und leicht mit Salz bestreut ist für meine Familie und mich eine Delikatesse.
Es ist nicht jedermanns Geschmack, Milz oder Leber in der Brühe mitzukochen.
Sie können auch weggelassen werden.

Klare Hühnerbrühe

Für 4 Personen

1 kg Hühnerklein oder 1 Suppenhuhn
1 große Karotte
2 Gewürznelken
1 große Zwiebel
4–5 Pfefferkörner
1 TL Salz

1. Das Hühnerklein bzw. das Huhn waschen und von allem sichtbaren Fett befreien. Die geschälte und kleingeschnittene Karotte, die mit Nelken gespickte Zwiebel sowie Pfefferkörner und Salz dazugeben und mit etwa 3 Liter Wasser begießen. Zum Kochen bringen und so lange köcheln lassen, bis das Huhn weich ist.

2. Das Huhn bzw. die Hühnerteile herausnehmen und etwas abkühlen lassen. Das Hühnerfleisch ablösen, kleinschneiden und nach Belieben für eine Suppe oder für den Hühnereintopf (siehe auf Seite 49) verwenden.

3. Die Brühe durch ein Sieb gießen und über Nacht in den Kühlschrank stellen. Am nächsten Tag die festgewordene Fettschicht abheben und die Suppe entweder mit einer beliebigen Einlage (siehe auf den Seiten 38 bis 40) servieren oder zu einem Fond einkochen lassen.

Ich koche Hühner immer 20 Minuten im Schnellkochtopf und lasse sie anschließend bei ausgeschalteter Kochplatte fertig garen.

Klare Gemüsebrühe

Für 4 Personen

3–4 Karotten
1 Sellerieknolle
2 Lauchstangen
2 Petersilienwurzeln
1 Zwiebel
2 Gewürznelken
1 Bund Petersilie
½ Bund Dill
5–6 Pfefferkörner
beliebige Gemüse (je nach Jahreszeit)
Bohnen, Tomaten, Zucchini
k e i n Salz

1. Die Gemüse putzen, waschen und grob zerkleinern. Von der Zwiebel nur die äußere Schale entfernen und mit den Nelken spicken. Zusammen mit den Kräutern und den Pfefferkörnern in einen großen Kochtopf geben und mit reichlich Wasser begießen. Beliebiges Gemüse, je nach Jahreszeit, kleingeschnitten dazugeben und zum Kochen bringen.

2. Die Gemüsebrühe abseihen, das ausgelaugte Gemüse wegwerfen. Die Brühe entweder mit einer beliebigen Einlage (siehe auf den Seiten 38 bis 40) servieren oder zu einem Fond einkochen lassen.

Auch die klare Gemüsebrühe koche ich am liebsten im Schnellkochtopf. Kochzeit 15 Minuten, dann die Kochplatte abschalten und die Brühe gar ziehen lassen. Die braune Schale der Zwiebel gibt der Gemüsebrühe eine besonders schöne Farbe.

Schwemmklößchen

Für 4 Personen

60 g Butter
2 Eier
ca. 125 g Grieß
etwas Salz
etwas frisch geriebene Muskatnuß
Brühe

1. Die weiche Butter schaumig rühren und abwechselnd Eier und Grieß einrühren. Mit Salz und Muskatnuß würzig abschmecken.

2. Den Teig etwa 15 Minuten quellen und durchziehen lassen.

3. Mit zwei nassen Teelöffeln kleine Klößchen abstechen und in kochendes Salzwasser legen. Etwa 10 Minuten im leicht siedenden Wasser garen und aufquellen lassen.

4. Mit einem Schaumlöffel herausheben und in eiskaltem Wasser abschrecken. Dann erst in die heiße Brühe geben und in wenigen Minuten fertig garen. Die Klößchen müssen die doppelte Größe erreichen.

Die exakte Grießmenge hängt von der Eiergröße ab. Unbedingt Hartweizengrieß nehmen, damit bleiben die Klößchen besser in Form.

Brandteigknödelchen

Für 4 Personen

¼ l Milch
70 g Butter
Salz, frisch geriebene Muskatnuß
140 g Mehl
2 Eier, 3 Eigelb
Keimöl zum Ausbacken
Brühe

1. In einer Kasserolle Milch, Butter, Salz und die geriebene Muskatnuß aufkochen lassen. Das Mehl auf einmal dazugeben und mit dem Kochlöffel so lange abschlagen, bis sich der Teig vom Topfboden und vom Löffel löst.

2. Von der Kochplatte nehmen und etwas abkühlen lassen. Einzeln nacheinander erst die Eier und dann nach und nach die Eigelb unterrühren.

3. Das Öl in einer Friteuse erhitzen. Mit einem Teelöffel kleine Knödelchen abstechen und im heißen Öl goldgelb ausbacken. Auf Küchenpapier abfetten lassen und erst kurz vor dem Servieren in die heiße Brühe geben, damit die Knödelchen knackig bleiben.

Möchte man süßes Brandteiggebäck herstellen, ergänzt man den Teig mit 100 g Zucker, nimmt nur eine kleine Prise Salz und läßt das Muskat weg.

Markklößchen

Für 4 Personen

40 g Rindermark
2 Eier
5–6 EL Semmelbrösel
1 EL gehackte Petersilie
1 EL Zwiebelwürfel
etwas abgeriebene, unbehandelte Zitronenschale
Salz, frisch geriebene Muskatnuß
Brühe

1. Das Rindermark wässern, damit es weiß wird. Anschließend etwas erwärmen.

2. Dann mit einer Gabel zerdrücken und mit einem Schneebesen sehr schaumig rühren. Nach und nach Eier, Semmelbrösel, Petersilie und Zwiebelwürfel dazugeben, würzen und ca. 30 Minuten ruhen lassen.

3. Haselnußgroße Klößchen formen, in die leicht siedende Brühe geben. Einmal aufkochen und ca. 15 Minuten gar ziehen lassen.

Sollte die Teigmasse zu hart geworden sein, rührt man einen Eßlöffel heiße Suppe darunter, damit sie wieder formbar wird.

Leberspätzle

Für 4 Personen

40 g Butter, 1 Ei
5–6 EL Semmelbrösel, 3–4 EL Milch
80–100 g geschabte Kalbsleber
1 EL gehackte Petersilie
1 TL Zwiebelwürfel
etwas gerebelter Majoran
abgeriebene Schale von ½ unbehandelten Zitrone, Salz, frisch gemahlener Pfeffer
Brühe

1. Die weiche Butter mit dem Ei schaumig rühren. Die Semmelbrösel mit der Milch befeuchten und abwechselnd mit der Leber, der Petersilie und den Zwiebelwürfeln unter die Buttermasse rühren. Mit Majoran, Zitronenschale, Salz und Pfeffer abschmecken und den Teig durchziehen lassen.

2. Mit einem Spätzlehobel in die leicht siedende Brühe hobeln. Kurz kochen lassen und sofort servieren.

Fleischknödel

Für 4 Personen

1 altbackenes Brötchen
ca. 100 ml Milch oder Wasser
40 g Butter, 1 Ei
150 g Tatar
1 TL gehackte Petersilie
1 TL Zwiebelwürfel
abgeriebene Schale von ½ unbehandelten
Zitrone, Salz, frisch gemahlener Pfeffer
Brühe

1. Die Rinde des Brötchens abreiben.
Das Brötchen etwa 10 Minuten in Milch
oder Wasser einweichen.

2. Butter und Ei schaumig rühren. Nach und
nach das in kleine Stückchen zerrissene,
gut ausgedrückte Brötchen hinzufügen und
mit der Schaummasse verarbeiten.

3. Fleisch, Petersilie und Zwiebelwürfel dazugeben und zu einer glatten Farce verrühren.
Mit Zitronenschale, Salz und Pfeffer würzen.

4. Mit nassen Händen kleine Knödel formen
und in die leicht siedende Brühe legen. Aufkochen und in 15 Minuten gar ziehen lassen.

Suppenbiskuit

Für 4 Personen

125 g Butter
6 Eier
375 g Mehl, Salz
Fett für die Form

1. Die weiche Butter mit den Schneebesen
eines Handrührgerätes sehr schaumig rühren.
Nach und nach abwechselnd die Eier und
das Mehl unterrühren. Salzen. Den Backofen
auf 175° C vorheizen.

2. Die Masse in eine gefettete kleine Kastenform von 1 Liter Inhalt füllen und auf der
mittleren Schiene des heißen Backofens goldgelb backen.

3. Den Suppenbiskuit auf ein Kuchengitter
stürzen. Nach dem Auskühlen in kleine
Würfel schneiden.

*Die Einlage schmeckt vorzüglich in einer
kräftigen klaren Gemüsebrühe. Noch appetit-
licher sieht die Suppe aus, wenn man sie
mit Lauch- und Möhrenjulienne anreichert.
Die geschnittenen Biskuitwürfel halten sich in
einer Blechdose kühlgestellt ca. zwei Wochen.*

Erbsensuppe aus frischen Erbsen

Für 4 Personen

2 Zwiebeln, 40 g Butter
500 g frische, ausgepalte Erbsen
½ l Fleischbrühe, 200 g Crème fraîche
2 EL Weißwein, Salz, frisch gemahlener Pfeffer
1 Kästchen Kresse, Würstchen nach Wunsch

1. Die Zwiebeln schälen, in kleine Würfel schneiden und in der erhitzten Butter glasig dünsten.

2. Die Hälfte der Erbsen zugeben und kurz mit andünsten. Mit Fleischbrühe aufgießen und kurz aufkochen lassen. Dann die Crème fraîche unterrühren, mit Wein verfeinern und 10 Minuten bei schwacher Hitze köcheln lassen.

3. Mit Salz und Pfeffer abschmecken und mit dem Pürierstab fein pürieren.

4. Die restlichen Erbsen unter die pürierte Suppe mischen und noch einmal erhitzen. Die Suppe auf vier tiefe Teller verteilen und mit Kresse bestreuen.

5. Wer möchte, legt noch zusätzlich in jeden Teller ein Paar heiße Wiener Würstchen.

Diese Erbsensuppe bereite ich auch oft mit Tiefkühlerbsen zu.

Tomatensuppe

Für 4 Personen

1 kg vollreife Tomaten
1 große mehligkochende Kartoffel
Salz, frisch gemahlener Pfeffer
¼ l Sahne
2 alte Brötchen
ca. 50 g Butter
8–10 Basilikumblätter

1. Die Tomaten waschen, den Stielansatz entfernen und in Stücke schneiden. Die Kartoffel schälen und fein reiben. Beides in einen Topf geben, mit etwas Wasser begießen, salzen und pfeffern und bei mittlerer Hitze weich kochen.

2. In der Zwischenzeit die Hälfte der Sahne steif schlagen und kühl stellen.

3. Die Tomaten-Kartoffel-Mischung durch ein Haarsieb streichen und noch einmal erhitzen. Die ungeschlagene Sahne unterrühren und falls nötig noch mit Salz und etwas Pfeffer abschmecken.

4. Die Brötchen in kleine Würfel schneiden. Die Butter in einer Pfanne erhitzen und die Brotwürfel darin goldbraun und kroß rösten. Auf einem Küchenpapier abfetten lassen.

5. Die steifgeschlagene Sahne unter die fertige Suppe ziehen. Auf vorgewärmte Tassen oder Teller verteilen und mit den in Streifen geschnittenen Basilikumblättern und den kroß gerösteten Brotwürfeln bestreuen.

Paprikacremesuppe

Für 4 Personen

200 g Karotten
200 g Zwiebeln
200 g Knollensellerie
5 EL Keimöl
1 l Fleischbrühe
2 mehligkochende Kartoffeln
2 große, gelbe Paprikaschoten
200 ml Sahne
1–2 EL frisch geriebener Parmesan
2 Scheiben Toastbrot

1. Karotten, Zwiebeln und Sellerie schälen, in kleine Stücke schneiden und in 2 Eßlöffel erhitztem Öl andünsten. Mit der Brühe aufgießen und zum Kochen bringen.

2. Die Kartoffeln schälen und fein reiben, die Paprikaschoten halbieren, entkernen und kleinschneiden. In die kochende Suppe geben und mit dem anderen Gemüse weich kochen.

3. Durch ein Haarsieb streichen und noch einmal kurz erhitzen. Die Sahne unterrühren und kurz durchkochen lassen.

4. Das Weißbrot in kleine Würfel schneiden und im restlichen erhitzten Öl goldbraun und kroß rösten.

5. Die Suppe auf vier vorgewärmte Teller verteilen und mit den Brotwürfeln und dem Parmesan bestreuen.

Schwarzwildbretsuppe

Für 4 Personen

40 g Butterschmalz
50 g Mehl
ca. 3 Stück Würfelzucker
1 EL Zwiebelwürfel
5 Wacholderbeeren
3 Gewürznelken
etwas Salz
3 Lorbeerblätter
1 l Fleischbrühe
1 EL Weißweinessig
1 EL Zitronensaft
abgeriebene Schale von 1 unbehandelten Zitrone
ca. 120 g Wildbretreste (in Würfel geschnitten)
evtl. etwas Madeira

1. Das Butterschmalz erhitzen und das Mehl
darin goldgelb anschwitzen. Die Zuckerstück-
chen dazugeben und ebenfalls gelb werden
lassen.

2. Zwiebelwürfel, zerdrückte Wacholderbeeren, Nelken, Lorbeerblätter und Salz hinzufügen und mit der Fleischbrühe aufgießen.
Mit Essig, Zitronensaft und Zitronenschale
würzen und gut durchkochen lassen.

3. Die Wildbretreste in einen Topf geben und
die Suppe durch ein Sieb darüber gießen. Kurz
durchkochen lassen und je nach Geschmack
mit einem Schuß Madeira verfeinern.

Diese Grundsuppe eignet sich vorzüglich zur
Resteverwertung aller dunklen Fleischsorten.

Endiviensuppe

Für 4 Personen

1 Kopf Endiviensalat
40 g Butter
50 g Mehl
½–¾ l Fleischbrühe
etwas Milch
½ Kästchen Kresse

1. Endiviensalat waschen, halbieren und in
feine Streifen schneiden.

2. Die Butter zerlassen und die gut abgetropften Salatstreifen darin andünsten.

3. Mit Mehl bestäuben, kurz anschwitzen und
mit der Rindfleischbrühe aufgießen. Kurz
durchkochen lassen und bei Bedarf salzen.

4. Kurz vor dem Servieren mit etwas Milch
abrunden. Auf tiefe Teller verteilen und mit
der abgeschnittenen Kresse bestreuen.

Je feiner der Endiviensalat geschnitten und je
kürzer die einzelnen Streifen sind, desto sämi-
ger wird die Suppe.
Anstelle von Endiviensalat eignen sich auch
Sauerampfer oder Kerbel vorzüglich. Jeweils
zwei Hände voll fein wiegen und auf die glei-
che Weise zubereiten. Dann nicht mit Kresse,
sondern mit dem jeweiligen frisch gehackten
Kraut bestreuen.

Kartoffelsuppe mit Forellenkaviar

Für 4 Personen

4–6 große, mehligkochende Kartoffeln
1 Zwiebel
1 große Karotte
1 große Petersilienwurzel
¼ Sellerieknolle
40 g Butter
¾ l Fleischbrühe
Salz, frisch gemahlener Pfeffer
etwas gerebelter Majoran
⅛ l geschlagene Sahne
50 g Forellenkaviar

1. Kartoffeln, Karotte, Petersilienwurzel und Sellerieknolle waschen. Gemüse und Zwiebel schälen und in kleine Stücke schneiden.

2. In der erhitzten Butter andünsten, mit heißer Fleischbrühe aufgießen und sehr weich kochen lassen.

3. Alles durch ein Sieb streichen und mit Salz, Pfeffer und Majoran würzen. Die Hälfte der geschlagenen Sahne unterziehen.

4. Die Suppe auf vier vorgewärmte Suppentassen verteilen, jeweils einen Teelöffel Sahne darauf häufen und mit etwas Forellenkaviar bestreuen.

Man kann den Forellenkaviar auch durch geräucherten, in feine Streifen geschnittenen Lachs ersetzen.

Niederbayerische Kartoffelsuppe

Für 4 Personen

500 g mehligkochende Kartoffeln
2 Karotten
1 kleines Stück Knollensellerie
1 Lauchstange
Salz, frisch gemahlener Pfeffer
1 EL gehackte Petersilie

1. Kartoffeln, Karotten und Sellerie waschen, putzen und in kleine Würfel schneiden. Den Lauch der Länge nach durchschneiden, gründlich waschen und in feine Streifen schneiden. Alles in einen Topf geben, mit Wasser bedecken und zum Kochen bringen. Bei mittlerer Hitze sehr weich kochen.

2. Mit Salz und Pfeffer würzen und mit Petersilie bestreut servieren. Dazu ißt man in Niederbayern Rottaler Schuxen.

Diese Suppe ist eine typische Fastensuppe. Nimmt man statt Wasser eine kräftige Brühe, wird die Suppe etwas gehaltvoller.

Ochsenschwanzsuppe

Für 6–8 Personen

2 kg Ochsenschwanz
500 g mageres Rindfleisch (von der Keule)
2 Karotten, 1 Lauchstange, 2 Petersilienwurzeln
1 Bund Petersilie, 3 Lorbeerblätter, 10 Pfefferkörner, 5 Wacholderbeeren
40 g abgesetztes Fett vom Ochsenschwanz, 50 g Mehl, 4 EL Tomatenmark,
frisch gemahlener Pfeffer, Paprikapulver (edelsüß), Salz, ½ l Rotwein
geröstete Weißbrotwürfel

1. Den Ochsenschwanz am besten gleich beim Metzger in kleine Stücke hacken lassen. Mit dem Rindfleisch, dem geputzten, kleingeschnittenen Gemüse und den Aromaten in einen Topf, am besten Schnellkochtopf, geben. Mit Wasser bedeckt weich kochen. Die Brühe über Nacht auskühlen lassen.

2. Am nächsten Tag das abgesetzte Fett abheben und in einem kleinen Topf erhitzen. Das Mehl unterrühren, aufschäumen lassen und das Tomatenmark hinzufügen.

3. Mit der entfetteten heißen Ochsenschwanzbrühe aufgießen, mit Pfeffer, Paprika und Salz abschmecken und etwa 20 Minuten bei mittlerer Hitze gut durchkochen lassen.

4. Das Fleisch von den Knochen lösen, wie das Rindfleisch in kleine Würfel schneiden und in die Suppe geben.

5. Zum Schluß den Rotwein dazugießen, kurz durchkochen lassen und mit gerösteten Weißbrotwürfeln (siehe Tomatensuppe auf Seite 42) bestreuen.

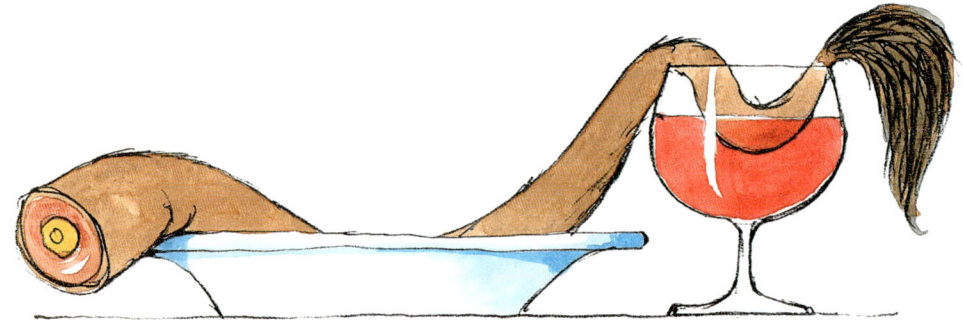

Bedenken Sie bei der Zubereitung,
daß die Suppe zum Schluß noch mit Rotwein abgerundet wird.
Man kann die Suppe gut auf Vorrat kochen,
denn zum einen wird sie bei jedem Aufwärmen besser,
zum anderen eignet sie sich hervorragend zum Einfrieren.

Indische Hühnersuppe

Für 4 Personen

500 g Hühnermägen
1 kleine Karotte
3 Gewürznelken
1 kleine Zwiebel
1 Lorbeerblatt
5–6 Pfefferkörner, Salz
40 g Butter
30 g Mehl
Saft von einer ½ Zitrone
1 Eigelb

1. Die Hühnermägen waschen, sorgfältig putzen und in einen Kochtopf geben. Mit so viel Salzwasser bedecken, daß die Mägen völlig bedeckt sind. Die geschälte Karotte und die mit Nelken gespickte Zwiebel sowie das Lorbeerblatt und die Pfefferkörner dazugeben, salzen und weich kochen. Die Brühe durch ein Sieb gießen und aufbewahren.

2. Die Butter zerlassen und unter Rühren das Mehl dazugeben. Aufschäumen lassen, mit der Kochbrühe aufgießen und gut durchkochen lassen. Dann die in kleine Würfel oder Scheiben geschnittenen Hühnermägen dazugeben.

3. Die Suppe noch einmal erhitzen, mit Salz und Zitronensaft würzig abschmecken und mit dem Eigelb legieren. Sofort servieren.

Meine Schwiegermutter hat diese Suppe von ihrer in Österreich lebenden Schwester übernommen. Lustigerweise wurde sie uns in Bombay als besondere Spezialität empfohlen.

Kürbissuppe

Für 4 Personen

500 g gelbes Kürbisfruchtfleisch (ohne Schale und Kerne), Salz
40 g Butter
30 g Mehl
frisch geriebene Muskatnuß
etwas Weißweinessig

1. Das Kürbisfruchtfleisch in Würfel schneiden und in Salzwasser weich kochen.

2. Die Butter zerlassen und unter Rühren das Mehl dazugeben. Aufschäumen lassen, mit so viel Kürbissud aufgießen, bis eine cremige Suppe entsteht. Gut durchkochen lassen.

3. Die Kürbiswürfel wieder in die Suppe geben, dann alles durch ein Sieb passieren.

4. Die Kürbissuppe erneut erhitzen und mit Salz, Muskatnuß und etwas Essig abschmecken. Falls nötig noch mit etwas Kürbissud verdünnen.

Auf der Grundlage einer hellen Einbrenne lassen sich die unterschiedlichsten Gemüse-suppen herstellen. Meine Spargelsuppe bereite ich ebenso mit einer hellen Einbrenne aus 40 g Butter und einem gehäuften Eßlöffel Mehl zu, gieße mit dem Sud der ausgekochten Spargel-schalen auf und legiere die Suppe mit einem Eigelb.

Pichelsteiner

Für 6–8 Personen

250 g Kartoffeln, 250 g Karotten, 250 g Petersilienwurzeln, 250 g Sellerieknolle
250 g Zwiebeln, 250 g Lauch, 3 EL gehackte Petersilie
250 g Rindfleisch, 250 g Schweinefleisch (am besten von der Schulter)
250 g mageres Lammfleisch, 30 g Butter, Salz
frisch gemahlener Pfeffer
¼ l Fleischbrühe

1. Kartoffeln, Karotten, Petersilienwurzeln, Sellerieknolle und Zwiebeln schälen, den Lauch gründlich waschen und alles in nicht zu dünne Scheiben schneiden.

2. Die einzelnen Fleischsorten waschen, trockentupfen und in kleine Würfel schneiden. Den Backofen auf 200° C vorheizen.

3. Den Boden eines Schmortopfes dick mit Butter ausfetten und abwechselnd eine Lage Kartoffeln, Gemüse, gehackte Petersilie sowie eine Lage Rindfleisch einschichten und etwas salzen und pfeffern.

Diesen Vorgang noch zweimal wiederholen, dabei beim erstenmal das Schweinefleisch und bei der nächsten Lage das Lammfleisch hineingeben. Mit Kartoffeln bedecken.

4. Mit Fleischbrühe begießen und den Topf gut verschließen. Im vorgeheizten Backofen in 1½ bis 2 Stunden weich schmoren. Währenddessen den Deckel nicht öffnen und erst kurz vor dem Servieren umrühren.

Nicht nur für Vegetarier ein Genuß:
Das Fleisch durch in Scheiben geschnittene Pilze,
am besten frische Steinpilze, ersetzen.

Hühnereintopf

Für 4 Personen

1 Lauchstange
200 g Karotten
40 g Butter
1¼ l Hühnerbrühe
Salz, frisch gemahlener Pfeffer
100 g Fadennudeln
entbeintes und ausgelöstes Fleisch
eines Suppenhuhns
2 Eigelb
6 EL Sahne
abgeriebene Schale von 1 unbehandelten Zitrone
1 EL Zitronensaft, 1 Prise Zucker

1. Lauch und Karotten waschen, die Karotten schälen und beides in Scheiben schneiden. Die Butter zerlassen und das Gemüse darin andünsten.

2. Mit der Hühnerbrühe aufgießen, salzen und pfeffern und aufkochen lassen.

3. Die Nudeln dazugeben und 10 bis 15 Minuten bei schwacher Hitze köcheln lassen.

4. Dann das Hühnerfleisch in kleine Würfel schneiden und untermischen.

5. Eigelb, Sahne, Zitronenschale und Zitronensaft verquirlen und die Suppe damit legieren. Erneut mit Salz, Pfeffer und Zucker abschmecken und sofort servieren.

Auch kurz gebratene, in Scheiben geschnittene Hähnchenbrust eignet sich als Fleischeinlage.

Erbseneintopf

Für 4 Personen

500 g grüne, getrocknete Erbsen
2 Karotten, 1 Stückchen Knollensellerie
2–3 mehligkochende Kartoffeln
1 kleine Lauchstange
250 g mageres Schweine- oder Lammfleisch
2 EL Keimöl
Salz, frisch gemahlener Pfeffer,
gemahlener Kümmel, 1 EL gehackte Petersilie

1. Die Erbsen über Nacht in reichlich kaltem Wasser einweichen.

2. Am nächsten Tag die Erbsen auf einem Durchschlag abschütten und noch einmal kurz durchwaschen. Karotten, Sellerie und Kartoffeln waschen und schälen, den Lauch waschen und alles in kleine Stücke schneiden. Das Fleisch in kleine Würfel schneiden.

3. Das Öl in einem Schmortopf erhitzen und das Fleisch darin scharf anbraten. Die Erbsen kurz mit anschwitzen und mit reichlich Wasser aufgießen. Das vorbereitete Gemüse und die Kartoffeln dazugeben und bei schwacher Hitze 1½ bis 2 Stunden köcheln lassen.

4. Würzen und kurz vor dem Servieren die Petersilie untermischen.

Eine Erbsensuppe darf ruhig ein wenig verkocht sein, nur so entwickelt sie ihren vollen Geschmack, der nach einem erneuten Aufwärmen ohnehin noch besser wird. Auf die gleiche Weise bereite ich auch Linsen- oder Bohneneintopf zu.

Die Liebe zu Fisch ist in meiner Familie nicht ungeteilt.
Die Gräten bereiten mitunter Schwierigkeiten. Ich persönlich
esse Fisch für mein Leben gern und habe deshalb sowohl sehr
einfache als auch etwas anspruchsvollere Rezepte zusammengestellt.

Mit Hechtklößchen oder einem Fischpudding kann ich den Wünschen
meiner Familie durchaus gerecht werden, aber am liebsten wähle
ich für ein rasches, schmackhaftes und sättigendes Mittagessen
Fisch in der Folie. Der Fisch, egal ob Forelle oder Fischfilet,
gart so herrlich allein und man hat noch Zeit am Schreibtisch.
Das Schöne an diesem einfachen Rezept ist, daß es immer gelingt
und Salat und Salzkartoffeln zur gleichen Zeit fertig sind.

Fisch ist auch ein Teil meiner Familientradition. Eingelegte Heringe
gehören seit ich mich erinnern kann in meiner Familie zu den Gerichten,
die man vom Heiligabend an immer in der Speisekammer findet.
Wie oft heißt es: Die süßen Plätzchen schmecken herrlich, aber
anschließend muß es noch etwas Herzhaftes sein. Wir „runden" sie dann
mit einem eingelegten Hering oder einem Schüsselchen Heringssalat ab.
Heute ist Fisch zwar nicht mehr, wie in meiner Jugend, preiswert,
aber trotzdem sollte er nicht auf dem wöchentlichen Speiseplan fehlen:
Denn sein Fleisch ist besonders leicht verdaulich.

Fischsuppe (Fischfond)

Für 6–8 Personen

1½ kg Fischkarkassen der unterschiedlichsten Fische
(darauf achten, daß einige Lachsköpfe dabei sind)
10 Pfefferkörner, Gewürznelken, Salz
2–2½ kg verschiedene küchenfertige Fische (nach Wahl)
3 Karotten, 150 g Krabben
frisch gemahlener Pfeffer, 1 Schuß Weißwein, 1 Bund Dill

1. Gräten, Flossen und Lachsköpfe unter fließend kaltem Wasser waschen und auf einem Durchschlag abtropfen lassen. Mit den Gewürzen in einen Topf geben, mit reichlich Wasser begießen, salzen und ca. 45 Minuten bei schwacher Hitze köcheln lassen.

2. Den entstandenen Fischfond durch ein feines Sieb gießen und in einen weiten, halbhohen Topf füllen.

3. Die Fische waschen und in nicht zu große Portionen teilen und mit den geriebenen Karotten sowie den Krabben in den vorbereiteten Fond geben. Noch einmal kurz erhitzen und mit Salz, Pfeffer und Weißwein abschmecken. Mit frisch gehacktem Dill bestreuen und am besten in einer Suppenterrine servieren.

Diese Suppe ißt sogar mein Mann sehr gerne!

Französischer Fischtopf

Für 4 Personen

1 kg küchenfertige Salzwasserfische
(je mehr Sorten, desto besser)
3 Zwiebeln
100 g Butter
½ l weißer Muskateller Wein
2 Lorbeerblätter
3 Pfefferkörner
½ TL frisch abgezupfte Thymianblätter
Salz, frisch gemahlener Pfeffer
2–4 frische Knoblauchzehen
1 Baguette

1. Die Fische waschen und in gleich große Stücke schneiden.

2. Die Zwiebeln schälen und in 50 g Butter glasig dünsten. Die Fischstücke und die Gewürze dazugeben und miteinander vermischen.

3. Mit dem Muskateller Wein aufgießen und die restliche Butter in Flöckchen darüber verteilen.

4. Zugedeckt bei schwacher Hitze ca. 30 Minuten garen.

5. Das Baguette in Scheiben schneiden, rösten, mit den fein zerdrückten Knoblauchzehen bestreichen und zum Fischtopf reichen.

Stockfisch mit Kartoffeln

Für 6–8 Personen

1 kg gekochte Kartoffeln
60 g Sardellen oder ½ Salzhering
1½ kg gekochter Stockfisch
100 g Butter
1 EL Semmelbrösel
¼ l Sahne
4 Eier
etwas Salz, frisch gemahlener Pfeffer

1. Die Kartoffeln schälen und in dünne Scheiben schneiden.

2. Sardellen oder Hering entgräten und in kleine Würfel schneiden.

3. Den Stockfisch von den Gräten befreien und ebenfalls in Stücke schneiden. Den Backofen auf 180° C vorheizen.

4. Eine feuerfeste Form mit 20 g Butter ausfetten. Abwechselnd Stockfisch, Kartoffeln, etwas Hering oder Sardellen und Semmelbrösel einfüllen und so lange fortfahren, bis die Form gefüllt ist.

5. Sahne und Eier verquirlen, salzen und pfeffern und damit den Auflauf übergießen. Mit der restlichen Butter in Flöckchen belegen und im heißen Backofen 30 Minuten garen. Mit gemischtem Salat servieren.

Forelle in eigener Sauce

Für 4 Personen

4 küchenfertige Forellen
1 knapper EL Mehl
1 knapper EL Mutschelmehl
(feinstgeriebene Semmelbrösel)
Salz, frisch gemahlener Pfeffer
frisch geriebene Muskatnuß
1 Zwiebel
1 EL gehackte Petersilie
2 Lorbeerblätter
2–3 Gewürznelken
einige unbehandelte Zitronenscheiben
40 g Butter
3 EL Fischfond
3 EL Weißwein
etwas Weißweinessig

1. Die Forellen waschen, trockentupfen und nebeneinander in eine feuerfeste Form legen.

2. Mehl und Mutschelmehl mit Salz, Pfeffer und Muskat vermischen und die Fische damit bestreuen. Den Backofen auf 200° C vorheizen.

3. Die geschälte Zwiebel in kleine Würfel schneiden, mit der Petersilie vermischen und über den Fischen verteilen. Lorbeerblätter, Nelken und Zitronenscheiben darüber legen und mit einer Mischung aus Fischfond, Weißwein und Essig übergießen. Im heißen Backofen 30 Minuten garen.

Diese Zubereitungsart eignet sich natürlich auch für viele andere Fischarten.
Ich bereite auf diese Weise gerne Fischfilet zu.

Lachsforelle in der Folie

Für 4 Personen

1 große küchenfertige Lachsforelle (ca. 1 kg)
1 Bund Dill
30 g Butter
1 großes Stück dicke Alufolie
Salz, frisch gemahlener Pfeffer
1 unbehandelte Zitrone

1. Die Lachsforelle waschen, vor allem die Kiemen. Die Hälfte des Dills kleinhacken, die andere Hälfte zu einem Sträußchen zusammenbinden.

2. Die Alufolie mit Butter bestreichen, salzen und pfeffern und die Hälfte des gehackten Dills darauf verteilen. Den Backofen auf 200° C vorheizen.

3. Den Fisch auf die Folie legen, die Bauchhöhle salzen und das Dillsträußchen hineingeben. Die Oberseite der Forelle ebenfalls salzen und mit Dill bestreuen. Die Längsseiten der Alufolie locker über dem Fisch zusammenfalten. Die seitlichen Enden hochklappen und mehrfach nach oben umknicken, damit kein Saft entweichen kann. Das Fischpaket auf die Fettpfanne legen und im vorgeheizten Backofen 30 bis 40 Minuten garen.

4. Die Lachsforelle aus der Folie nehmen und auf einer vorgewärmten Platte anrichten, mit Zitronenscheiben garnieren.

Die Garzeit richtet sich nach der Größe des Fisches. Ein Portionsfisch von etwa 300 g wird sicherlich schon nach 20 Minuten gar sein.

Felchen in Weißwein

Für 4 Personen

500 g küchenfertige Felchenfilets
Salz, frisch gemahlener Pfeffer
etwas Zitronensaft
etwas Worcestersauce
15 g Mehl
40 g Butter
¼ l Weißwein
2 große, gehäutete und entkernte Tomaten
1 TL gehackte Petersilie
1 TL gehackter Dill
2 EL geschlagene Sahne

1. Die Felchenfilets waschen und trockentupfen. Mit Zitronensaft, Salz, Pfeffer und
Worcestersauce würzen und mit 10 g Mehl
bestäuben.

2. 30 g Butter zerlassen und die Fische darin
anbraten. Mit Weißwein begießen und die in
Würfel geschnittenen Tomaten, Petersilie und
Dill dazugeben. Die Fische darin gar werden
lassen.

3. Die Fische herausheben, auf einer heißen
Platte anrichten und mit Alufolie bedeckt
warm halten.

4. Das restliche Mehl und die restliche Butter
verkneten und die Sauce damit binden. Die
Sauce kurz durchkochen lassen. Zum Schluß
die geschlagene Sahne unterziehen und die
Sauce über den Fischen verteilen. Mit Salzkartoffeln oder Weißbrot servieren.

Gebratener Aal

Für 4 Personen

1 küchenfertiger Aal
Salz, frisch gemahlener Pfeffer
ca. 10–12 große, schöne Salbeiblätter
40 g Butter
1 Zitrone

1. Den Aal am besten gleich vom Fischhändler
häuten und in Stücke schneiden lassen.
Waschen, trockentupfen und mit Salz und
Pfeffer einreiben.

2. Jedes Aalstück mit einem Salbeiblatt umwickeln und mit Küchengarn festbinden.

3. Die Butter in einer Pfanne erhitzen und die
Aaltournedos darin bei mittlerer Hitze auf
beiden Seiten goldbraun braten. Mit Zitronen-
spalten garniert auf einer länglichen Platte
anrichten. Mit Salat und Weißbrot servieren.

Gekochter Schellfisch

Für 4 Personen

ca. 1 l Fischsud
1 kg küchenfertiger Schellfisch im Ganzen

1. Einen Fischsud wie im Rezept auf Seite 52 beschrieben zubereiten. In einen halbhohen Topf gießen und zum Kochen bringen.

2. Den Schellfisch säubern, waschen und in den kochenden Fischsud legen. Einmal aufkochen und bei schwacher Hitze gar zichen lassen.

3. Den Fisch auf einer Platte anrichten und mit einer der nachfolgenden Saucen servieren.

Saucen, die gut zu Kochfisch passen:

Für 4 Personen

Sardellensauce
100 g Butter
1 EL gehackte Sardellen

Die Butter zerlassen und die Sardellen darin andünsten.

Senfsauce
100 g Butter, 1 TL scharfer Dijon-Senf
1 TL süßer Senf

Die Butter zerlassen und den Senf einrühren.

Paprikasauce
100 g Butter, 2 EL Zwiebelwürfel
2 Msp Paprikapulver (edelsüß), ¼ l saure Sahne

Die Butter zerlassen und die Zwiebeln darin glasig dünsten. Den Paprika zugeben und langsam die saure Sahne einrühren.

Sauce béarnaise
2 EL Schalottenwürfel, 1 Gewürzstrauß aus Estragon, Thymian und Kerbel, 2 EL guter Weißweinessig, ⅛ l Weißwein, 3 Eigelb, 100 g Butter

1. Die Schalotten mit dem Gewürzstrauß, Essig und Wein zum Kochen bringen und fast völlig einkochen lassen. Anschließend durch ein Sieb gießen und abkühlen lassen.

2. Unter ständigem Schlagen mit einem Schneebesen die Eigelb hinzufügen.

3. Kurz vor dem Servieren noch einmal unter ständigem Rühren erwärmen und nach und nach die Butter unterrühren. Es muß eine cremige Sauce entstehen.

Sauce hollandaise
6 Eigelb, 3 EL Mehl, 100 g Butter
½ l Fischfond, 1 EL Zitronensaft

1. Eigelb und Mehl verrühren und unter ständigem Rühren zuerst die kleingeschnittene Butter, dann den Fischfond und den Zitronensaft dazugießen.

2. Über einem Wasserbad so lange schlagen, bis eine dickliche, schaumige Sauce entstanden ist.

Lachspudding mit Krabbensauce

Für 4 Personen

Für den Pudding:
750 g Lachs, 3 Eier, 100 g Butter
200 g Semmelbrösel, 2 EL Zwiebelwürfel, 2–3 EL gehackter Dill, Salz
frisch gemahlener Pfeffer, frisch geriebene Muskatnuß, evtl. 1–2 EL Sahne
Butter und Semmelbrösel für die Puddingform
Für die Krabbensauce:
40 g Butter, 30 g Mehl, 1/4 l Fischfond
1/4 l Milch, Salz, frisch geriebene Muskatnuß
etwas Zitronensaft, 2–3 EL gehackter Dill, 250 g Krabben

1. Den Lachs durch den Fleischwolf drehen und kalt stellen. Die Eier trennen. Das Eiweiß zu steifem Schnee schlagen und ebenfalls kalt stellen.

2. Die weiche Butter und die Eigelb schaumig rühren. Lachspüree, Semmelbrösel, Zwiebelwürfel und Dill unterrühren. Mit Salz, Pfeffer und Muskat würzen. Den Eischnee vorsichtig unterheben. Falls die Masse zu fest ist, noch 1 bis 2 Eßlöffel Sahne dazugeben.

3. Die Masse in eine ausgefettete und mit Brösel ausgestreute Kochpuddingform füllen. Mit dem Deckel gut verschließen und 1 Stunde im leicht siedenden Wasserbad garen.

4. Für die Sauce die Butter zerlassen und das Mehl einrühren. Mit Fischfond ablöschen, mit Milch aufgießen und die Sauce gut durchkochen lassen.

5. Mit Salz, Muskat und Zitronensaft abschmecken. Zum Schluß den Dill und die Krabben hinzufügen und die Sauce bei schwacher Hitze wenige Minuten ziehen lassen.

6. Den fertig gegarten Pudding aus dem Wasserbad nehmen und auf eine vorgewärmte Platte stürzen. Mit etwas Sauce übergießen und die restliche Sauce gesondert dazu reichen.

Dieser Pudding kann sowohl als warme Vorspeise
als auch als Hauptgericht serviert werden.
Dazu paßt vorzüglich ein halbtrockener bis trockener Weißwein.

Hechtklößchen

Für 4 Personen

6 Hechtfilets, ca. 500–600 g
so viel Sahne wie das exakte Gewicht
der Hechtfilets
6 Scheiben Toastbrot
6 Schalotten
1 Ei, Salz
etwas frisch geriebene Muskatnuß
frisch gemahlener Pfeffer

1. Die gut gekühlten Hechtfilets in Stücke
schneiden. Mit ⅛ l Sahne, dem entrindeten
Toastbrot, den geschälten und kleingeschnittenen Schalotten sowie dem Ei durch den
Fleischwolf drehen.

2. Zugedeckt 20 Minuten kalt stellen. Dann
noch einmal durchdrehen und wieder kühlen.

3. Die Hechtfarce durch ein Haarsieb streichen, die restliche Sahne gleichmäßig unterziehen und erneut kalt stellen.

4. Mit nassen Teelöffeln Klößchen abstechen
und im leicht siedenden Fischfond garen.

*Die Klößchen serviere ich gerne auf frisch
gedünstetem Blattspinat.
Sehr fein schmecken Maultaschen mit dieser
Hechtfarce gefüllt.*

Maischolle mit Speck

Für 4 Personen

4 mittelgroße, küchenfertige Schollen
Salz
etwas Mehl
4 EL Keimöl
20 g Butter
200 g durchwachsener Speck

1. Die Schollen waschen und trockentupfen.
Von beiden Seiten leicht salzen und mit Mehl
bestäuben.

2. Öl und Butter in einer großen Pfanne
erhitzen und die Fische darin, am besten auf
zweimal, jeweils auf beiden Seiten goldbraun
ausbacken.

3. Den Räucherspeck in kleine Würfel schneiden und in einer zweiten Pfanne kroß ausbraten. Auf einem Küchenpapier abfetten
lassen und über den Schollen verteilen. Mit
Kartoffelsalat oder grünem Spargel servieren.

*Noch raffinierter schmeckt die Maischolle,
wenn man die Speckwürfel gemeinsam mit
etwa 100 g Mandelblättchen brät und über
dem Fisch verteilt.*

Bratheringe

Für 4 Personen

10 grüne Heringe
Salz, frisch gemahlener Pfeffer
Mehl zum Bestäuben
4–6 EL Keimöl
¼ l Weißweinessig
etwas Wasser
1 Zwiebel
10 Pfefferkörner

1. Die Heringe ausnehmen, vom Kopf und Schwanz befreien, putzen, halbieren und gründlich waschen. Anschließend trockentupfen, salzen und pfeffern und in Mehl wenden.

2. Das Öl in einer großen Pfanne erhitzen und die Heringe nacheinander von beiden Seiten goldbraun braten. Herausnehmen und auf Küchenpapier abfetten lassen. Dann in eine tiefe Schale legen.

3. Aus dem Essig, etwas Wasser, der geschälten, in Scheiben geschnittenen Zwiebel und den Pfefferkörnern einen kräftigen Sud kochen.

4. Den heißen Sud über die Heringe gießen. Nachdem sie abgekühlt sind, mit etwas Öl beträufeln. Mindestens 24 Stunden in dieser Beize ziehen lassen.

Eingelegte Heringe

Für 4 Personen

10 Salzheringe
2 säuerliche, mürbe Äpfel
1 Zwiebel
¼ l Sahne
¼ l saure Sahne
4 Lorbeerblätter
10 Wacholderbeeren
10 Pfefferkörner

1. Die Heringe mindestens 12 Stunden wässern, dabei das Wasser immer wieder erneuern.

2. Die Heringe von Haut und Gräten befreien, halbieren und noch einmal kurz waschen.

3. Die Äpfel schälen, vierteln und entkernen, die Zwiebel schälen und vierteln. Beides quer in feine Scheiben schneiden. Sahne und saure Sahne verquirlen und die Gewürze hinzufügen.

4. Heringe, Äpfel- und Zwiebelscheibchen sowie die Marinade in ein entsprechend großes Steingutgefäß schichten. Die letzte Schicht sollte die Marinade sein. Zugedeckt mindestens 24 Stunden im Kühlschrank durchziehen lassen.

Marinierte Sardinen

Für 4 Personen

500 g küchenfertige Sardinen, Salz
Mehl zum Bestäuben
ca. ⅛ l Olivenöl
1 Zwiebel
2 Knoblauchzehen
¼ l Estragonessig
2 Lorbeerblätter
2 Gewürznelken
1 Bund Thymian

1. Die Sardinen waschen, trockentupfen, salzen und mit Mehl bestäuben.

2. Das Olivenöl in einer Pfanne erhitzen und die Fische darin portionsweise auf beiden Seiten, bei mittlerer Hitze goldbraun braten.

3. Auf Küchenpapier abfetten lassen und in eine flache Schale legen.

4. Zwiebel und Knoblauchzehen schälen, in dünne Scheiben schneiden. Mit Essig und Gewürzen aufkochen und durch ein Sieb über die Fische gießen.

5. Zugedeckt über Nacht im Kühlschrank durchziehen lassen. Mit knusprig geröstetem Weißbrot servieren.

So zubereitet schmecken auch Sardellen köstlich.

Gebeizter Lachs

Zutaten für 12 Personen

1 frischer, küchenfertiger Lachs von ca. 2 kg
1 Bund Dill
70 g Salz, 60 g Zucker
2 EL grob gemahlene weiße Pfefferkörner

1. Den Lachs der Länge nach halbieren. Entgräten und eine Lachshälfte mit der Hautseite nach unten in eine tiefe Form legen. Die Dillzweige darauf verteilen und mit einer Mischung aus Salz, Zucker und Pfeffer bestreuen. Die zweite Lachshälfte mit der Fleischseite nach unten darauf legen und mit Alufolie bedecken. Ein Holzbrett darauf legen und mit einem geeigneten Gewicht beschweren.

2. Den Lachs 2 bis 3 Tage marinieren, dabei jeden Tag, morgens und abends, wenden und mit Lake, die sich gebildet hat, bestreichen. Dazu die Innenseiten des Fisches leicht anheben.

3. Den gebeizten Lachs mit Küchenpapier trockentupfen. In dünnen Scheiben von der Haut schneiden und mit Zitronenscheiben und Sahnemeerrettich servieren.

*S*aftiger Braten ist ein Hochgenuß. Leider wird
es aber immer schwieriger, ihn zuzubereiten, da das
gute Gelingen in erster Linie von der Fleischqualität
abhängt. Wenn die Qualität des Produktes nicht stimmt,
kann selbst der beste Koch mit dem raffiniertesten
Rezept kein erstklassiges Gericht daraus herstellen.

Glücklich kann sich schätzen, wer die Möglichkeit hat,
das Fleisch direkt vom Erzeuger zu kaufen. Wenn man
wie ich in der Stadt lebt, ist das ein bißchen schwierig.
Suchen Sie sich aber auf jeden Fall einen guten Metzger,
zu dem Sie Vertrauen haben und der vor allem noch weiß,
woher sein Fleisch tatsächlich kommt – auch wenn Sie
etwas länger unterwegs sind. Auf die Herkunft sollte man
mittlerweile sorgsamer denn je achten! Fleisch zuzubereiten,
macht aber auch Spaß, bietet sich doch eine unglaubliche
Vielfalt an Garmöglichkeiten an. Je nachdem, ob man es
kocht, dünstet, schmort, kurz brät oder grillt, immer
entstehen völlig unterschiedliche Geschmacksrichtungen.

Wir essen sehr gerne Hackfleischgerichte. Aber glauben
Sie mir, ich habe noch nie fertiges Hackfleisch gekauft.
Seit ich für meine Familie koche, suche ich mir beim Metzger
das passende Stück Fleisch aus und lasse es mir von ihm
durchdrehen, oder ich tue dies zu Hause selbst. Deshalb sind
meine Hackfleischgerichte keine zweitrangigen Speisen,
sondern können sich mit jedem Braten messen.

Gefüllte Kalbsbrust

Für 4 Personen

1 kg Kalbsbrust, Salz
1 kleine Zwiebel, 80 g Butter, 500 g Bratwurstbrät
1 EL gehackte Petersilie, 2 Brötchen, 3 Eier, frisch gemahlener Pfeffer
etwas abgeriebene Schale einer unbehandelten Zitrone
1 Karotte, 1 Zwiebel

1. Von der Kalbsbrust mit einem spitzen Messer die Rippen auslösen und die Knorpel entfernen. Die innere Haut so lösen, daß eine Tasche entsteht. Die vorbereitete Kalbsbrust waschen, trockentupfen und das Innere der Tasche salzen.

2. Für die Füllung die Zwiebel schälen, in kleine Würfel schneiden und in 20 g zerlassener Butter andünsten. Das Bratwurstbrät und die Petersilie dazugeben und mit anbraten. Von der Kochplatte nehmen und die in Wasser eingeweichten und ausgedrückten Brötchen unterrühren. Alles gründlich zu einer glatten Masse verarbeiten und abkühlen lassen. Dann die Eier unterrühren und mit Salz, Pfeffer und Zitronenschale würzen.

Die Masse in die vorbereitete Tasche füllen und mit Küchengarn zunähen. Den Backofen auf 200° C vorheizen.

3. 30 g Butter in einem Bräter erhitzen und die Kalbsbrust darin rundherum anbraten. Die Karotte und die Zwiebel schälen, kleinschneiden und kurz mit anschwitzen. Mit etwas Wasser begießen und im heißen Backofen ca. 1½ Stunden braten, dabei immer wieder mit der restlichen Butter bestreichen und mit Bratensaft begießen.

*Die Kalbsbrust kann auch in einem Sud aus
¼ l trockenen Weißwein, ¼ l guten Weißweinessig und ½ l Wasser gekocht werden.
Sie schmeckt dann aber nicht so herzhaft.*

Gebeizter Kalbsschlegel

Für 8 Personen

2 kg Kalbsschlegel (ohne Knochen)
ca. 100 ml Weißweinessig
ca. 1 l Wasser, einige Pfefferkörner
einige Wacholderbeeren, 1 Lorbeerblatt
ca. 100 g fetter Speck
2 Zwiebeln, 1 Petersilienwurzel
1 Karotte, 2 Gewürznelken, ¼ l Fleischbrühe
40 g zerlassene Butter, 200 ml saure Sahne
frisch geriebene Muskatnuß

1. Den Kalbsschlegel waschen, anhaftende Haut entfernen und in eine entsprechend große Schüssel legen.

2. Essig mit Wasser und Aromaten durchkochen lassen und das Fleisch damit übergießen. Zugedeckt zwei Tage marinieren, dabei mehrmals wenden.

3. Herausnehmen, trockentupfen und mit dem in Streifen geschnittenen Speck spicken. Backofen auf 200° C vorheizen. Das Fleisch mit dem geputzten, kleingeschnittenen Gemüse und den Nelken in einen Bräter legen, mit Muskat würzen und im heißen Backofen weich garen. Dabei immer wieder mit Fleischbrühe begießen, mit Butter und saurer Sahne bestreichen und gelegentlich wenden.

4. Das Fleisch auf eine Platte legen. Die Sauce durch ein Sieb passieren, mit restlicher saurer Sahne und etwas Essigbeize abschmecken und kurz durchkochen lassen. Dies ist eine Spezialität meiner Großmutter väterlicherseits.

Kalbsbraten im Gorgonzolamantel

Für 8 Personen

2 kg Kalbsschlegel (ohne Knochen)
Salz, frisch gemahlener Pfeffer
50 g Butter, 4 Zwiebeln
1½ kg frische Champignons, 300 g Gorgonzola
¾ l süße Sahne, 2 EL Cognac
2 gestrichene EL Mehl
1 EL gehackter Dill und 1 EL Kresse

1. Kalbsschlegel mit Salz und Pfeffer einreiben, mit 20 g Butterflöckchen belegen und im 200° C heißen Backofen 1 Stunde braten. Immer wieder mit dem Bratensaft bestreichen.

2. Zwiebeln schälen, in Würfel schneiden und in der restlichen Butter glasig dünsten. Die geputzten, blätterig geschnittenen Champignons zugeben und mit anschwitzen. Würzen und so lange dünsten, bis alle Flüssigkeit verdampft ist.

3. Gorgonzola, ⅛ Liter Sahne und Cognac zu einer Paste verrühren. Mit der Hälfte davon nach 1 Stunde Garzeit das Fleisch bestreichen. Die Pilze zugeben und mit ⅛ Liter Sahne begießen. Nach 30 Minuten den Rest der Käsepaste auf den Braten streichen und bei 225° C erneut 30 Minuten braten.

4. ¼ Liter Sahne mit Mehl verquirlen, unter die Sauce rühren und die restliche Sahne nach 20 Minuten dazugeben. Den Braten im Backofen noch 10 Minuten ruhen lassen. Das Fleisch aufschneiden, auf das Pilzbett legen und mit Dill und Kresse bestreuen.

Kalbsnierenbraten

Für 6–8 Personen

2 kg fertig gerollter Nierenbraten
Salz, frisch gemahlener Pfeffer
1 Zwiebel
1 Karotte
2 EL Keimöl
60 g Butter

1. Den vom Metzger vorbereiteten Nierenbraten mit Salz und Pfeffer einreiben. Den Backofen auf 200° C vorheizen.

2. Zwiebel und Karotte schälen und in kleine Stücke schneiden. Öl und 20 g Butter in einem Bräter erhitzen und das Fleisch darin rundherum anbraten. Das vorbereitete Gemüse dazugeben, mit anschwitzen und mit etwas Wasser begießen.

3. Im heißen Backofen in etwa 2 Stunden weich und goldbraun braten. Dabei gelegentlich wenden, mit zerlassener Butter bestreichen und mit Bratensaft übergießen.

4. Den Kalbsnierenbraten herausnehmen und vor dem Anschneiden kurz ruhen lassen. Den Bratenfond durch ein Sieb streichen und noch einmal kurz durchkochen lassen.

So rollt man den Nierenbraten selber:
Ein entsprechend großes Bruststück von den Rippen befreien, Fett abschneiden, salzen und pfeffern. Die einige Stunden in Milch eingelegten Kalbsnieren der Länge nach hintereinander darauflegen und von der dicken Seite her zusammenrollen. Mit Küchengarn verschnüren.

Gespicktes Kalbsherz

Für 4 Personen

1–2 Kalbsherzen (je nach Größe)
1½ l Fleischbrühe
ca. 80 g fetter Speck
Salz, frisch gemahlener Pfeffer
1 EL Mehl
1 Zwiebel, 1 Karotte
50 g Butter
1 EL Keimöl
etwas Weißwein oder Zitronensaft
oder Essig

1. Die Kalbsherzen halbieren, gründlich waschen und trockentupfen. Die Brühe erhitzen und die Kalbsherzen darin kurz blanchieren.

2. Herausnehmen, etwas abkühlen lassen und mit dem in schmale Streifen geschnittenen Speck spicken. Anschließend salzen und in Mehl wenden. Zwiebel und Karotte schälen und in kleine Stücke schneiden.

3. Öl und Butter in einem Schmortopf erhitzen und die Herzen darin anbraten. Das Gemüse hinzufügen und mit anschwitzen. Mit etwas Fleischbrühe aufgießen und zugedeckt in etwa 40 Minuten weich schmoren.

4. Die Kalbsherzen herausnehmen und warm stellen. Die Sauce durch ein Sieb passieren, mit Wein, Zitronensaft oder Essig leicht säuerlich abschmecken und kurz durchkochen lassen.

5. Die Herzen in Scheiben schneiden und wieder in die Sauce geben. Mit Kartoffelbrei oder Salzkartoffeln servieren.

Gebackener Kalbskopf

Für 4 Personen

1 zerteilter Kalbskopf
250 g Kalbfleisch
2 Lorbeerblätter
1 Karotte, 1 Zwiebel
einige Pfefferkörner
einige Wacholderbeeren
abgeriebene Schale von 1 unbehandelten Zitrone
Salz, frisch gemahlener Pfeffer
2–3 EL frisch gehackte Petersilie
2 Eier
80–100 g Semmelbrösel
30 g Butter
2 EL Keimöl

1. Den gründlich gewaschenen Kalbskopf mit dem Kalbfleisch, dem geschälten und kleingeschnittenen Gemüse sowie den Gewürzen in Salzwasser weich kochen.

2. Aus dem Sud nehmen und etwas abkühlen lassen. Das Fleisch von den Knochen lösen und wie das mitgegarte Kalbfleisch kleinschneiden. Mit Salz und Pfeffer würzen, die Petersilie dazugeben und in eine Kastenform mit 2 Liter Inhalt einfüllen. Fest andrücken und zur Bindung etwas von der Kochbrühe darüber gießen. Im Kühlschrank über Nacht erstarren lassen.

3. Am nächsten Tag in dicke Scheiben schneiden und zuerst in den verquirlten Eiern, dann in den Semmelbröseln panieren. Butter und Öl in einer Pfanne erhitzen und die Kalbskopfscheiben rasch auf beiden Seiten goldbraun braten. Dazu paßt Kartoffelsalat.

Kalbszunge in Weißwein

Für 4 Personen

2–3 Kalbszungen
1 Bund Suppengrün
Salz
60 g Butter
etwas Keimöl
40 g Mehl
⅛ l Fleischbrühe
⅛ l Weißwein
3–4 EL Kapern

1. Die Kalbszungen eine Stunde wässern. Anschließend waschen und mit dem gewaschenen, kleingeschnittenen Suppengrün in reichlich Salzwasser weich kochen.

2. Die gekochten Zungen etwas abkühlen lassen, die Haut abziehen und der Länge nach halbieren.

3. Butter und Öl erhitzen, das Mehl unterrühren und aufschäumen lassen. Mit Fleischbrühe und Wein aufgießen und gut durchkochen lassen. Die Kapern dazugeben, die Zungen in die Sauce legen und darin erhitzen.

Ein wirklicher Leckerbissen sind gebackene Zungen. Dazu schneidet man die weichen Zungen nach dem Erkalten der Länge nach durch. Anschließend werden sie in Ei und Semmelbröseln paniert und im heißen Fett rasch auf beiden Seiten goldbraun gebraten. Mit Sauce béarnaise (siehe auf Seite 56) und Salat servieren.

Sauerbraten

Für 6 Personen

<u>Für die Beize:</u>
1 Karotte, 2 Zwiebeln
2 Lorbeerblätter, 4–5 Pfefferkörner, 2 Gewürznelken, 5–7 Wacholderbeeren
½ l Weinessig, 1 l Wasser
<u>Für den Braten:</u>
1 kg Rindfleisch von der Rose oder dem oberen Schwanzstück, 3 EL Keimöl
1 Stückchen Schwarzbrotrinde, 1 Zwiebel, 1 Karotte, 1 Petersilienwurzel, 2 Tomaten
100 ml Rotwein, 2 EL Mehl

1. Für die Beize Karotte und Zwiebeln schälen, kleinschneiden und mit den Gewürzen in das Essig-Wasser-Gemisch geben.

2. Das Fleisch waschen, trockentupfen, in eine große Schüssel legen und mit der Beize begießen. Zugedeckt und an einem kühlen Platz 2 bis 3 Tage marinieren, dabei mehrmals wenden.

3. Das Fleisch aus der Marinade nehmen und gut abtrocknen. Das Öl in einem Schmortopf erhitzen und das Fleisch von allen Seiten anbraten. Eine Schwarzbrotrinde und das geputzte und kleingeschnittene Gemüse dazugeben und kurz mit anschwitzen. Mit etwas Beize begießen und zugedeckt weich schmoren, dabei immer wieder mit etwas Beize begießen. Das Fleisch herausnehmen und warm stellen.

4. Rotwein und Mehl gründlich verquirlen und den Schmorfond damit binden. Durchkochen lassen, falls die Sauce zu dick ist, mit etwas Beize verdünnen.

5. Die Sauce durch ein Sieb passieren. Das Fleisch in Scheiben schneiden und schuppenförmig auf einer vorgewärmten Platte anrichten. Mit etwas Sauce begießen, den Rest getrennt dazu reichen.
Mit gekochten Kartoffelknödeln servieren.

Gulasch

Für 4–6 Personen

1 kg Rindfleisch (vom Nacken oder Wade)
500 g Gemüsezwiebeln
3 EL Keimöl
2 Knoblauchzehen (nach Geschmack mehr)
Salz, frisch gemahlener Pfeffer
reichlich süßer und scharfer Paprika
etwas gemahlener Kümmel
1 EL Rotweinessig
⅛ l Fleischbrühe
1 l Rotwein

1. Das Fleisch waschen, trockentupfen und in Würfel schneiden.

2. Die Zwiebeln schälen und in kleine Würfel schneiden. Öl erhitzen und die Zwiebeln darin glasig dünsten.

3. Die Fleischwürfel dazugeben und mit anbraten. Die geschälten Knoblauchzehen mit Salz fein zerdrücken und mit Pfeffer, süßem Paprika, etwas Kümmel und Essig unter das Gulasch mischen. Sofort mit Fleischbrühe aufgießen und bei mittlerer Hitze schmoren lassen. Nach und nach mit Rotwein begießen.

4. Sobald das Fleisch weich ist, mit den beiden Paprikasorten, je nach gewünschter Schärfe, abschmecken und noch einmal kurz durchkochen lassen.

Ich verwende als Bindemittel gerne eine Scheibe Schwarzbrot, das ich nach Zugabe des süßen Paprikas in die Sauce gebe.

Rinderrouladen

Für 4 Personen

4 Rinderrouladen
5 Scheiben fetter Speck
einige Essiggurken
Salz, frisch gemahlener Pfeffer
3 EL Keimöl
2–3 EL süßer Senf
1 Zwiebel, 1 Karotte

1. Die Rouladen waschen, trockentupfen und auf einem großen Brett nebeneinander ausbreiten. 4 Speckscheiben und 2 bis 4 Essiggurken, je nach Größe, in feine Streifen schneiden.

2. Die Rouladen salzen, pfeffern und mit Senf bestreichen. Mit Speck und Gurken belegen, von den Schmalseiten her aufrollen und mit Rouladennadeln oder -klammern verschließen. Das Öl in einem Schmortopf erhitzen und die Rouladen darin von allen Seiten scharf anbraten.

3. Zwiebel und Karotte schälen und wie zwei weitere Essiggurken und die restliche Speckscheibe in kleine Würfel schneiden. Zu den Rouladen geben und mit anbraten. Nach und nach mit heißem Wasser oder Fleischbrühe aufgießen und bei schwacher Hitze zugedeckt weich schmoren.

4. Die Rouladen herausnehmen und warm stellen. Die Sauce durch ein Sieb passieren und die Rouladen damit beträufeln.

Durch den Senf entsteht eine sämige Sauce. Ein Bindemittel ist deshalb nicht erforderlich.

Fleischpfanzel

Für 4 Personen

250 g Quark
1–2 EL gerebelter Majoran
Salz, frisch gemahlener Pfeffer
3 Eier
750 g Rinderhack
1 Zwiebel
5–6 EL Keimöl

1. Den Quark mit Majoran, Salz und Pfeffer verrühren und etwa 30 Minuten stehen lassen, damit sich die Gewürze entfalten können.

2. Nach und nach die Eier, das Hackfleisch und die Zwiebel hinzufügen und zu einem geschmeidigen Fleischteig verarbeiten.

3. Mit einem Eßlöffel kleine Portionen abstechen und mit nassen Händen zu Talern formen.

4. Das Öl in einer großen Pfanne erhitzen und die Pfanzel darin bei mittlerer Hitze von beiden Seiten goldbraun braten.

Durch den Quark werden die Fleischpfanzel besonders saftig und beim Braten schön kroß. Neben dieser Version bereite ich die Pfanzel auch häufig mit Haferflocken zu. Dazu übergieße ich 200 g Haferflocken mit knapp ¼ Liter Wasser und lasse sie kurze Zeit quellen. Dann gebe ich nach und nach 750 g frisches Rinderhack und eine in Würfel geschnittene Zwiebel dazu. Würzen und wie oben beschrieben weiter verarbeiten. Wir essen am liebsten Kartoffelsalat dazu.

Hackfleischsauce

Für 4 Personen

3 große Zwiebeln
1 kleine Karotte
1 kleines Stück Knollensellerie
3 EL Olivenöl
500 g Tatar oder mageres Rinderhackfleisch
500 g vollreife Tomaten
feingeschnittene Basilikumblätter
(nach Geschmack)
frisch gehackter Oregano und Thymian
(nach Geschmack)
Salz, frisch gemahlener Pfeffer
1 EL frisch gehackte Petersilie

1. Zwiebeln, Karotte und Knollensellerie schälen und in kleine Würfel schneiden.

2. Olivenöl in einem Schmortopf erhitzen und die Zwiebelwürfel darin glasig dünsten. Das Fleisch nach und nach dazugeben und mit anschwitzen.

3. Tomaten kurz blanchieren, häuten und in Stücke schneiden. Mit dem Gemüse und den Kräutern zum Fleisch geben und bei schwacher Hitze etwa 1½ Stunden köcheln lassen. Es muß alles zu einer cremigen Sauce verkochen.

4. Erst zum Schluß mit Salz und Pfeffer würzig abschmecken und die Petersilie untermischen.

Im Winter ersetzt man die frischen Tomaten besser durch gute, geschälte Tomaten aus der Dose.

Krautwickel

Für 4 Personen

2 kleine Köpfe Weißkohl, 2 Brötchen, ca. ¼ l Milch, 40 g Butter
500 g Rinderhack oder feingehackte Braten- oder Geflügelreste
oder Bratwurstbrät, 2 kleine Eier
2 EL Zwiebelwürfel, 2 EL frisch gehackte Petersilie
abgeriebene Schale von 1 unbehandelten Zitrone
Salz, frisch gemahlener Pfeffer, 3 EL Keimöl
2–3 EL Schweineschmalz zum Bepinseln

1. Die schönsten Blätter der beiden Kohlköpfe ablösen und im Salzwasser so lange kochen, bis sie bißfest sind.

2. Anschließend auf einem Brett nebeneinanderliegend ausbreiten und die dicken Mittelrippen entfernen. Die Brötchen entrinden und in Milch einweichen.

3. Die weiche Butter cremig rühren, die ausgedrückten Brötchen unterrühren. Nach und nach das Fleisch, die Eier, Zwiebelwürfel und Petersilie dazugeben.

4. Mit Zitronenschale, Salz und Pfeffer würzen und zu einem geschmeidigen Fleischteig verarbeiten. Die Krautblätter dick damit bestreichen. Von den schmalen Seiten her zusammenrollen und mit einem Küchengarn verschnüren. Den Backofen auf 180° C erhitzen.

5. Das Öl in einem Schmortopf erhitzen und die Krautwickel darin bei mittlerer Hitze vorsichtig anbraten.

6. In den heißen Backofen stellen und in etwa 1 Stunde fertig garen, dabei die Krautwickel immer wieder mit Schweineschmalz bepinseln, damit sie knusprig werden. Darauf achten, daß die Krautblätter nicht zu dunkel werden. Gegebenenfalls die Hitze reduzieren oder die Krautwickel mit Alufolie bedecken.

*Durch das Bepinseln mit Schweineschmalz
glänzen die Krautwickel besonders schön. Ich mache immer
die doppelte Menge Fleischfarce. Dann arbeite ich das restliche,
ebenfalls weich gekochte, durch den Fleischwolf
gedrehte Kraut unter und verarbeite beides
zu einem Hackbraten. Den friere ich ein und habe
auf diese Weise eine Mahlzeit gewonnen.*

Schweineröllchen

Für 4 Personen

1 große Zwiebel
40 g Butter
ca. 500 g Sauerkraut
100 g helle Weintrauben
500 g Steinpilze oder Champignons
Salz, frisch gemahlener Pfeffer
4 große, dünne Schweineschnitzel
ca. ⅛ l trockener Weißwein
oder Champagner

1. Die Zwiebel schälen und in kleine Würfel schneiden. 20 g Butter in einer feuerfesten Form erhitzen und die Hälfte der Zwiebelwürfel darin glasig dünsten. Das Sauerkraut dazugeben und mit anschwitzen. Mit etwas Wasser begießen und die halbierten und entkernten Trauben untermischen. Bei schwacher Hitze kurz mitdünsten.

2. Die Pilze putzen und größere Exemplare halbieren oder vierteln. Die restliche Butter zerlassen und die restlichen Zwiebelwürfel darin andünsten. Die Pilze dazugeben, salzen und pfeffern und so lange braten, bis alle Flüssigkeit verdampft ist. Den Backofen auf 180° C vorheizen.

3. Die Schnitzel waschen, trockentupfen und nebeneinander ausbreiten. Salzen und pfeffern und die Pilze darauf verteilen. Von den schmalen Seiten her zusammenrollen, mit Rouladennadeln feststecken und auf das Sauerkraut legen. Mit Wein oder Champagner begießen und zugedeckt im heißen Backofen etwa 40 Minuten garen.

Filet l'allemand

Für 6–8 Personen

4 kleine Schweinefilets, je ca. 250 g
Salz, frisch gemahlener Pfeffer
reichlich Paprikapulver (edelsüß)
300 g durchwachsener Räucherspeck
2 große Zwiebeln
400 g Schmant
200 ml saure Sahne

1. Die Schweinefilets von anhaftender Haut und Fett befreien. Waschen, trockentupfen und jedes Filet in 3 Stücke schneiden. Mit einer Mischung aus Salz, Pfeffer und Paprika einreiben und kurz durchziehen lassen.

2. Inzwischen den Backofen auf 180° C vorheizen. Den Räucherspeck in kleine Würfel schneiden und in einer Pfanne glasig braten. Die Zwiebeln schälen und in kleine Würfel schneiden.

3. Die Speckwürfel in einer feuerfesten Form verteilen, die marinierten Filetstücke darauf schichten und mit den Zwiebelwürfeln bedecken. In den heißen Backofen stellen und etwa 15 bis 20 Minuten garen. Die Zwiebeln müssen glasig sein.

4. Schmant und saure Sahne verrühren und über der Zwiebelschicht verteilen. In weiteren 30 bis 35 Minuten fertig garen.

Dieses Gericht läßt sich prima vorbereiten und ist daher ideal, wenn man Gäste hat.

Schweinebraten

Für 6–8 Personen

1½ kg Schweinefleisch (Schulter, mit Schwarte)
Salz, frisch gemahlener Pfeffer, Kümmel
1 Knoblauchzehe
1 Zwiebel
20 g Butter
1 Stückchen Knollensellerie
1 Karotte, 1 Petersilienwurzel
1 kleines Stück Lauch
½ Bund Petersilie
1 Scheibe hartes Brot
ca. ⅛ l Bier

1. Das Fleisch mit Salz, Pfeffer, Kümmel und der fein zerdrückten Knoblauchzehe einreiben. Etwa eine Stunde im Kühlschrank durchziehen lassen.

2. Den Backofen auf 200° C vorheizen. Die Zwiebel schälen und kleinschneiden. Die Butter in einem Bräter erhitzen, das Schweinefleisch mit der Hautseite nach unten im heißen Fett anbraten. Die Zwiebel dazugeben, mit etwas heißem Wasser begießen und im vorgeheizten Backofen ca. 1½ Stunden braten, dabei immer wieder mit Wasser begießen.

3. Nun den Braten umdrehen, damit die Schwarte oben ist. Mit einem scharfen Messer rautenförmig einschneiden. Das geputzte und kleingeschnittene Gemüse, die grobgehackte Petersilie und das Brot dazugeben. Eine weitere Stunde braten und dabei die Schwarte abwechselnd mit Bratensaft und Bier begießen. Es muß sich eine goldbraune, knusprige Kruste bilden.

Bierschinken

Für 12–18 Personen:

ca. 3–3½ kg Schweineschlegel im Ganzen
reichlich Salz
3 Knoblauchzehen
4 EL Dijon-Senf
2 EL Honig
¾ l Bier

1. Das Fleisch waschen, trockentupfen und dick einsalzen. In eine Salzlake legen und an einem kühlen Ort ca. 3 Wochen marinieren, dabei zwischendurch mehrmals wenden.

2. Anschließend mit einem Küchentuch gut abtrocknen und mit den geschälten und fein zerdrückten Knoblauchzehen einreiben. Den Backofen auf 220° C vorheizen.

3. Das Fleisch in einen Bräter legen und im heißen Backofen mindestens 2 Stunden backen. Senf und Honig mischen und das Fleisch damit während des Garens immer wieder bestreichen und mit Bier begießen.

Lammkeule in der Senfkruste

Für 8 Personen

1 Lammkeule von ca. 2 kg, reichlich frische Knoblauchzehen
½ Glas scharfer Dijon-Senf, ca. 250 g süßer, selbstgemachter Senf (siehe Rezept auf Seite 148)
½ TL frisch gemahlener Pfeffer, 3 Tomaten, 1 große Zwiebel

1. Die Lammkeule von Haut und Fett befreien, waschen und trockentupfen.

2. Die Knoblauchzehen schälen, in Stifte schneiden und die Lammkeule rundherum damit spicken. Die beiden Senfsorten mit dem Pfeffer verrühren und die Keule damit dick einstreichen. Zugedeckt an einem kühlen Ort über Nacht im Kühlschrank ruhen lassen.

3. Am nächsten Tag den Backofen auf 200° C vorheizen. Die Tomaten waschen, die Zwiebel schälen und beides in grobe Stücke schneiden. Mit der Lammkeule in einen Bräter legen und mit ⅛ Liter heißem Wasser begießen. Im heißen Backofen ca. 2 bis 2½ Stunden braten, dabei gelegentlich mit etwas Wasser und dem Bratensaft, der sich gebildet hat, begießen.

4. Nach Ende der Garzeit die Keule auf eine vorgewärmte Platte legen und die dunklen Teile der Senfkruste abnehmen. Das Fleisch in Scheiben schneiden.

5. Die Sauce durch ein Sieb streichen und das Fleisch damit begießen. Mit grünen Bohnen und Salzkartoffeln servieren.

Es ist nicht erforderlich, die Keule vor dem Einstreichen mit Senf zu salzen.
Durch die Verwendung des Senfgemischs erhält das Fleisch
eine schmackhafte, angenehme Würze.

Lammstrudel

Für 6–8 Personen

Für den Strudelteig:
250 g Mehl
1 Ei, 2 TL Öl
1 Prise Salz, ⅛ l lauwarmes Wasser
Für die Füllung:
1 kleine Zwiebel
1 Knoblauchzehe
2 Eier
750 g durchgedrehtes Lammfleisch
Salz, frisch gemahlener Pfeffer
80 g zerlassene Butter

1. Aus den angegebenen Zutaten einen Strudelteig zubereiten (siehe auf Seite 99).

2. Zwiebel und Knoblauch schälen und in kleine Würfel schneiden. Mit den Eiern unter das Lammfleisch mischen, mit Salz und Pfeffer herzhaft würzen und zu einem geschmeidigen Fleischteig verarbeiten.

3. Den Strudelteig halbieren und jede Hälfte möglichst dünn ausziehen. Jeweils auf einem Küchentuch ausbreiten und mit der Lammfarce bestreichen. Den Backofen auf 180° C vorheizen.

4. Die Strudel mit Hilfe des Küchentuches aufrollen und mit den Rändern nach unten auf ein gefettetes Backblech legen. Die Enden einschlagen und festdrücken. Die Strudel mit einem Drittel der zerlassenen Butter bestreichen.

5. Im heißen Backofen in etwa 1 Stunde goldbraun backen, dabei immer wieder mit Butter bestreichen.

Gedämpftes Lammfleisch

Für 4 Personen

8 kleine, dünne Lammschnitzel
Salz
frisch gemahlener Pfeffer
250 g vollreife Tomaten
50 g Butter
⅛ l trockener Rotwein
⅛ l Fleischbrühe
1–2 TL Speisestärke (z.B. Mondamin)
1 EL gehackte Petersilie

1. Die Lammschnitzel waschen, trockentupfen und mit Salz und Pfeffer würzen.

2. Die Tomaten kurz in kochendes Wasser tauchen, häuten, halbieren, entkernen und in Stücke schneiden.

3. Die Butter in einer Pfanne aufschäumen lassen und die Lammschnitzel darin auf beiden Seiten kurz anbraten.

4. Die Tomaten dazugeben und kurz mit anschwitzen. Nach und nach mit Fleischbrühe und Rotwein aufgießen und zugedeckt bei mittlerer Hitze weich dünsten.

5. Die Schnitzel herausnehmen und warm stellen. Mondamin mit etwas Rotwein glattrühren, die Sauce damit binden und kurz durchkochen lassen. Die Schnitzel auf einer vorgewärmten tiefen Platte anrichten, mit der Sauce überziehen und mit Petersilie bestreuen. Mit Salzkartoffeln oder Kartoffelbrei servieren.

Gebratene Lammleber mit Kartoffelsauce

Für 4 Personen

Für die Lammleber:
500 g Lammleber
2–3 EL Mehl
30 g Butterschmalz
1 EL Keimöl
Salz
Für die Kartoffelsauce:
1 große, mehligkochende Kartoffel
40 g Butter
¼ l Fleischbrühe
1 EL gehackte Petersilie
Salz, frisch geriebene Muskatnuß
1–2 TL Weißweinessig

1. Die Leber häuten und in nicht zu schmale Streifen schneiden. In Mehl wenden und überschüssiges Mehl abschütteln.

2. Butterschmalz und Öl in einer Pfanne erhitzen und die Lammstreifen darin bei mittlerer Hitze rosa anbraten. Kurz vor dem Anrichten mit Salz bestreuen.

3. Für die Kartoffelsauce die Kartoffel schälen und fein reiben. Die Butter zerlassen und die Kartoffelraspeln darin andünsten. Nach und nach mit Fleischbrühe aufgießen und bei starker Hitze gut durchkochen lassen.

4. Die Petersilie dazugeben und mit Salz, Muskat und Essig abschmecken. Sollte die Sauce zu dick geraten sein, mit etwas Fleischbrühe verdünnen.

Spießchen von Leber und Niere

Für 4 Personen

2 Kalbsnieren
300 g Rinderleber
300 g durchwachsener Speck
3 mittelgroße Zwiebeln
3 EL Keimöl
Salz, frisch gemahlener Pfeffer
gemahlener Piment

1. Von den Kalbsnieren das anhaftende Fett entfernen. Die Nieren zwei Stunden in Milch legen, anschließend mit kaltem Wasser abspülen und zerteilen.

2. Die Rinderleber waschen, trockentupfen, enthäuten und in größere Würfel schneiden.

3. Die Zwiebel schälen und wie den Speck in große Würfel schneiden.

4. Alle vorbereiteten Zutaten abwechselnd auf Metallspieße stecken. Das Öl in einer Pfanne erhitzen und die Spießchen darin gar braten. Mit Salz, Pfeffer und Piment würzen und mit Reis und Salat servieren.

Gebratener Hase mit Steinpilzen

Für 4 Personen

<u>Für den Hasenbraten:</u>
1 Hasenrücken, 2 Hasenschlegel
100 g fetter Speck, Salz, frisch gemahlener Pfeffer
ca. ¼ l Fleischbrühe, 4–5 EL zerlassene Butter
6 EL saure Sahne, 6 EL Rotwein
<u>Für die gedünsteten Steinpilze:</u>
500 g Steinpilze, 1 kleine Zwiebel, 40 g Butter
1 EL Mehl, 3–4 EL Fleischbrühe, 2 EL Sahne, Salz, frisch gemahlener Pfeffer
1 EL frisch gehackte Petersilie

1. Hasenrücken und die Schlegel mit einem scharfen Messer enthäuten, waschen und mit einem Essigtuch abreiben. Den Speck in schmale Streifen schneiden und die Wildteile damit spicken. Das Fleisch mit Salz und Pfeffer einreiben. Den Backofen auf 200° C vorheizen.

2. Die Hasenteile in einen großen Bräter legen, mit Fleischbrühe begießen und im heißen Backofen etwa 1 Stunde braten. Dabei abwechselnd mit zerlassener Butter und saurer Sahne bestreichen.

3. Währenddessen die Pilze sorgfältig putzen und nur falls nötig waschen. Die Pilze in Scheiben schneiden. Die Zwiebel schälen, in kleine Würfel schneiden und in der aufgeschäumten Butter glasig dünsten. Die Pilze dazugeben und 5 bis 6 Minuten mit anschwitzen. Mit Mehl bestäuben und mit etwas Fleischbrühe aufgießen. Kurz durchkochen lassen, die Sahne dazugießen und erneut etwas einkochen lassen. Mit Salz und Pfeffer abschmecken und die Petersilie unterrühren.

4. Die Hasenteile herausnehmen und kurz ruhen lassen. Die Sauce durch ein Sieb gießen und etwas einkochen lassen. Das Fleisch von den Knochen lösen und in Scheiben schneiden. Auf einer vorgewärmten Platte anrichten, mit den Pilzen umkränzen und die Sauce getrennt dazu reichen.

Wir essen am liebsten abgerührte Grießklöße dazu.
Das Rezept finden Sie auf Seite 109.

Rehbraten

Für 6–8 Personen

1½ kg Rehschlegel
Salz, frisch gemahlener Pfeffer
40 g Butterschmalz
1 Karotte, 2 Lorbeerblätter
einige Wacholderbeeren
¼ l Wildfond, ¼ l saurer Rahm oder Schmant
2–3 EL Preiselbeeren (siehe auf Seite 152)
ca. ⅛ l Rotwein,
1 TL Butter, 1 EL Mehl

1. Den gut abgehangenen Rehschlegel mit einem spitzen Messer vorsichtig häuten und von anhaftenden Sehnen befreien. Den Backofen auf 200° C vorheizen.

2. Das Rehfleisch mit Salz und Pfeffer einreiben. Das Butterschmalz in einem Bräter erhitzen und das Fleisch darin rundherum scharf anbraten.

3. Die geschälte und in Stücke geschnittene Karotte, Lorbeerblätter und Wacholderbeeren dazugeben und mit dem Wildfond ablöschen. Etwa 2 Stunden garen lassen, dabei immer wieder mit dem Bratensaft und der sauren Sahne begießen.

4. Nach etwa 1 Stunde Garzeit die Preiselbeeren dazugeben. Mehl mit Butter verkneten und kühl stellen.

5. Nach etwa 2 Stunden den Braten herausnehmen und warm stellen. Die Sauce durch ein Sieb streichen, den Rotwein dazugießen und mit der Mehl-Butter-Mischung binden. Kurz durchkochen lassen und noch einmal würzig abschmecken.

6. Den Rehschlegel in Scheiben vom Knochen schneiden und auf einer vorgewärmten Platte anrichten. Mit etwas Sauce beträufeln und mit Spätzle, Pfifferlingen und Preiselbeeren servieren.

Auf die gleiche Weise bereite ich auch Rehrücken zu. Allerdings ist dann die Garzeit etwas kürzer.

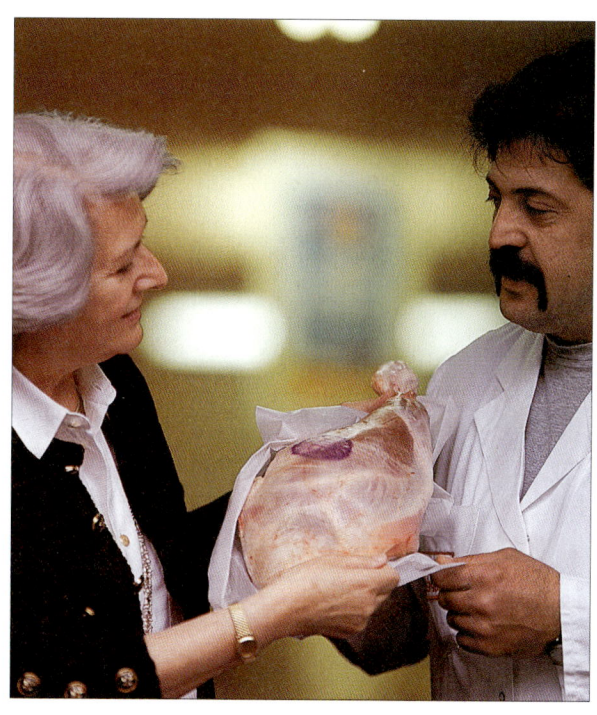

Hähnchen, Pute, Fasan, Gans und Co.
spielen in meinem Speiseplan eine große Rolle.
Wie beim Fleisch ist natürlich auch hier die Qualität
ausschlaggebend. Wann immer ich die Möglichkeit habe,
gehe ich deshalb an die Quelle: zum Bauernhof!
Dort kaufe ich entweder einen fleischigen Gockel
oder eine frisch geschlachtete Ente. Und dort reserviere ich,
natürlich rechtzeitig, jedes Jahr die Weihnachtsgans.

Als unsere Kinder noch klein waren, habe ich Geflügel
meistens im Ganzen zubereitet, am liebsten mit einer
Semmelfarce gefüllt. So war gleichzeitig mit dem Braten
die Beilage fertig. Dazu ein frischer Salat, und ohne viel
Aufwand stand ein herrliches Mittagessen auf dem Tisch.
Ich schätze nämlich alles, was zur Erleichterung
der Arbeit beiträgt. Seit ich vorwiegend für meinen Mann
und mich koche, nutze ich eher die große Auswahl
an Geflügelteilstücken. Hähnchenbrüstchen, -keulen oder
Putenschnitzel sind rasch gar, und gewürzt mit Kräutern oder
Gewürzen sorgen sie auch in einem Zwei-Personen-Haushalt
für viel Abwechslung. Lediglich bei der Gänsebrust, die wir
so gerne auf Champagnerkraut essen, bereitet mir die
Beschaffung manchmal Schwierigkeiten. Im Elsaß
erhält man sie, frisch ausgelöst, auf jedem Wochenmarkt.

Gefülltes Brathähnchen

Für 4 Personen

1 Hähnchen von ca. 1 ½ kg
2 alte Brötchen, ca. ⅛ l heiße Milch, 2 kleine Eier
frisch gehackter Rosmarin, 1 EL feingeschnittener Dill
Leber, Herz und Magen des Hähnchens, Salz, frisch gemahlener Pfeffer
Paprikapulver (edelsüß), 50 g zerlassene Butter, ca. ¼ l Hühnerbrühe

1. Das Hähnchen innen und außen gründlich waschen und trockentupfen. Den Backofen auf 200° C vorheizen.

2. Die Brötchen halbieren, in feine Scheiben schneiden, mit Milch übergießen und ausdrücken. Herz und Magen kleinschneiden und mit der geschabten Leber, den Eiern und den Kräutern unter die Brotmasse rühren. Zu einer glatten Farce verkneten und würzen.

3. Das Brathähnchen mit einer Mischung aus Salz, Pfeffer und Paprika einreiben und mit der Brotmasse füllen. Mit Küchengarn zunähen und in einen mit Butter ausgestrichenen Bräter legen.

4. Im heißen Backofen in etwa 1 Stunde knusprig und goldbraun braten. Dabei gelegentlich mit zerlassener Butter bestreichen und mit Hühnerbrühe begießen.

5. Das gebratene Hähnchen tranchieren. Die Sauce durch ein Sieb streichen und getrennt dazu reichen.

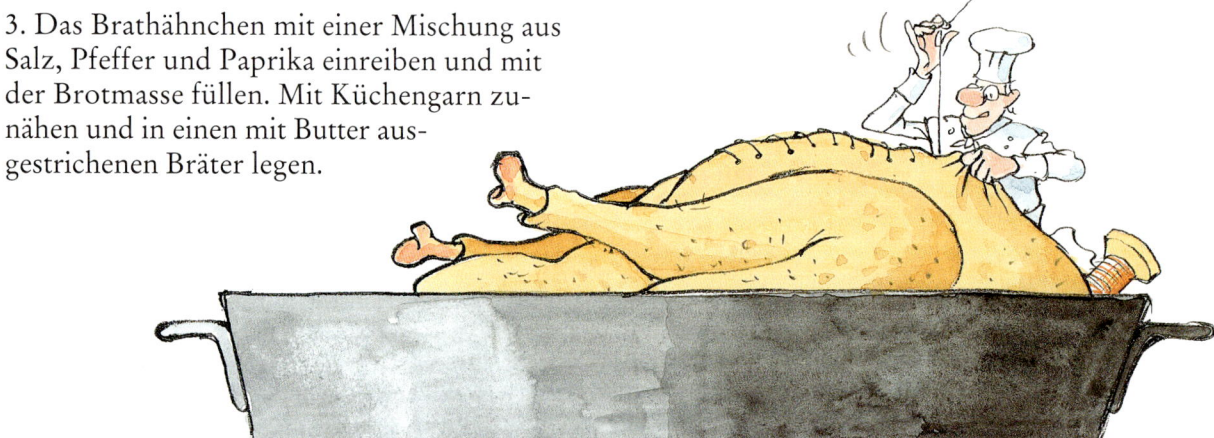

Da die Hähnchenfülle bereits eine ausreichende Beilage ist,
erübrigen sich, bis auf einen Salat, weitere Beilagen.
Sollte die Fülle nicht ganz in das Hähnchen passen, kann man sie
15 Minuten vor Ende der Garzeit als kleine Knödel
in dem Bräter mitgaren.

Hähnchenbrust in der Folie

Für 2 Personen

2 fleischige Hähnchenbrüste
Salz, frisch gemahlener Pfeffer
frische Rosmarinzweige
2 EL Olivenöl

1. Die Hähnchenbrüste waschen und trockentupfen. Mit Salz und Pfeffer würzen.

2. Starke Alufolie so zurechtschneiden, daß man die Hähnchenbrüstchen gut damit einhüllen kann. Die Folie mit Öl bepinseln und mit abgezupften Rosmarinnadeln bestreuen. Den Backofen auf 200° C vorheizen.

3. Die Hähnchenbrüste darauf legen, mit abgezupften Rosmarinnadeln bestreuen und die Folie locker über den Brüstchen zusammenfalten. Die beiden Enden hochklappen, fest verschließen und die Päckchen auf die Fettpfanne legen. Im heißen Backofen in etwa 20 bis 30 Minuten garen.

4. Die Folie öffnen, das Fleisch auf zwei vorgewärmte Teller verteilen und mit dem Fleischsaft, der sich gebildet hat, begießen. Mit Kartoffelbrei oder Reis und buntem Salat zu Tisch bringen.

Je nach eigenem Geschmack kann man die Brüstchen auch mit anderen Kräutern belegen, wie zum Beispiel Thymian, Petersilie, Basilikum oder frischem Koriandergrün.

Gebratene Hähnchenkeulen

Für 2–3 Personen

5–6 Hähnchenkeulen
1/8 l Olivenöl
Salz, frisch gemahlener Pfeffer, Paprika
je 1 EL gehackte Thymian- und Kerbelblätter
1 TL gehackte Rosmarinnadeln
2 Eier
ca. 100 g Semmelbrösel
3 EL Keimöl
20 g Butter

1. Die Hühnerkeulen von anhaftendem Fett befreien, waschen und trockentupfen.

2. Olivenöl, Salz, Pfeffer, Paprika und Kräuter zu einer Marinade verrühren und die Keulen damit dick einstreichen. Im Kühlschrank einige Stunden, am besten über Nacht, durchziehen lassen.

3. Am nächsten Tag die Keulen herausnehmen und gut abtropfen lassen. Zuerst in den verquirlten Eiern, dann in den Semmelbröseln wenden und die Panade gut festdrücken. Öl und Butter in einer Pfanne erhitzen und die Keulen darin bei mittlerer Hitze auf beiden Seiten goldbraun und knusprig braten. Mit verschiedenen Salaten und Weißbrot servieren.

Die marinierten Keulen eignen sich unpaniert auch vorzüglich zum Grillen. Besonders raffiniert schmecken die Keulen, wenn man sie anstelle von Semmelbröseln mit Sesamsamen paniert.

Hähnchen im Gemüsebett

Für 4 Personen

1 Hähnchen von ca. 1,2 kg
Salz, frisch gemahlener Pfeffer
40 g Mehl
20 g Butterschmalz
30 g Butter
¼ l Hühnerbrühe
1 EL Zitronensaft
6 EL trockener Weißwein
1 bißfest gekochter Blumenkohl
500 g bißfest gekochte Spargelstangen
225 g in Butter geschwenkte Champignons
6–8 gehäutete Cocktailtomaten

1. Das Hähnchen waschen, trockentupfen und vierteln. Mit Salz und Pfeffer würzen und in 20 g Mehl wenden. Das Butterschmalz erhitzen und die Hähnchenteile darin goldbraun braten. Herausnehmen und warm stellen.

2. Das restliche Mehl und die Butter in das Bratfett geben und kurz anschwitzen. Mit Hühnerbrühe aufgießen, unter ständigem Rühren gut durchkochen lassen und mit Zitronensaft und Wein verfeinern. Den Backofen auf 180° C vorheizen.

3. Die Sauce in eine feuerfeste Form gießen, die Hühnerteile mit der gebratenen Haut nach oben hineinsetzen und mit dem Gemüse umkränzen. Zugedeckt auf der mittleren Schiene des heißen Backofens 30 Minuten garen. Die letzten 10 Minuten den Deckel abnehmen und bräunen lassen. Mit Weißbrot oder Reis zu Tisch bringen.

Hähnchen im Kartoffelbett

Für 4 Personen

1 Hähnchen von ca. 1,2 kg
Salz, frisch gemahlener Pfeffer
1 EL feingehackte Rosmarinnadeln
1–2 EL Keimöl oder Butterschmalz
4 Lauchzwiebeln
500 g Kartoffeln
⅛ l Hühnerbrühe
⅛ l Weißwein

1. Das Hähnchen vierteln, waschen, trockentupfen und mit Salz, Pfeffer und Rosmarin innen und außen einreiben.

2. Das Fett in einer Pfanne erhitzen und die Hähnchenteile von allen Seiten goldbraun braten. Herausnehmen und warm stellen.

3. Die Lauchzwiebeln der Länge nach durchschneiden, gründlich waschen und in 5 bis 6 cm große Stücke schneiden.

4. Die Kartoffeln ebenfalls waschen, schälen und in dicke Scheiben schneiden. Zusammen mit den Lauchzwiebeln im Bratfett anbraten.

5. Mit Brühe und Wein aufgießen und die Hähnchenteile mit der kroß gebratenen Haut nach oben auf das Lauch-Kartoffel-Bett setzen. Zugedeckt bei mittlerer Hitze ca. 45 Minuten köcheln lassen. Mit Weißbrot servieren.

Garen Sie diese beiden Gerichte am besten in hübschen, feuerfesten Formen, in denen sie auch auf den Tisch gestellt werden können.

Hühnerfrikassee

Für 4 Personen

1 Hähnchen von ca. 1½ kg
1 große Karotte
1 große Zwiebel
4–5 Pfefferkörner
2 Gewürznelken
Salz
50 g Butter
40 g Mehl
frisch gemahlener weißer Pfeffer
250 g Spargel
250 g frische, sehr kleine Champignonköpfe
3–4 EL trockener Weißwein
1–2 EL Kapern (nach Geschmack)
2 Eigelb
1 EL gehackte Petersilie

1. Die Hähnchen mit Karotte, Zwiebel, Gewürzen und Salz kochen (siehe Klare Hühnerbrühe auf Seite 37).

2. 40 g Butter aufschäumen lassen, das Mehl hinzufügen und unter Rühren so viel entfettete Hühnerbrühe dazugießen, bis eine dickflüssige Sauce entsteht. Mit Salz und Pfeffer würzen und gut durchkochen lassen.

3. Das gegarte Hähnchen entbeinen, enthäuten und in nicht zu kleine Stücke schneiden.

4. Spargel schälen und in kochendem Salzwasser bißfest kochen. Die Pilze putzen, vierteln und in der restlichen Butter kurz andünsten. Die Spargelstangen in 3 cm lange Stücke schneiden und mit den Champignons und dem Hähnchenfleisch unter die Béchamelsauce mischen.

5. Mit Weißwein und Kapern abschmecken und wenige Minuten bei schwacher Hitze durchziehen lassen.

6. Die Eigelb mit etwas lauwarmer Hühnerbrühe in einer Tasse verquirlen und unter das Frikassee ziehen. Noch einmal erwärmen, aber keinesfalls kochen lassen. Mit Petersilie bestreuen und mit Salzkartoffeln, Nudeln oder Reis servieren.

Besonders schmackhaft wird das Frikassee, wenn nur Hähnchenbrüste in der Brühe eines Suppenhuhnes gegart werden. Pro Person ist ein Hähnchenbrüstchen von ca. 150 g ausreichend. Wenn es keinen frischen Spargel gibt, kann man auch auf tiefgekühlten Spargel oder Spargel aus dem Glas zurückgreifen.

Hähnchenkeulen im Joghurtmantel

Für 2–3 Personen

5–6 Poulardenkeulen
ca. 500 g Vollmilchjoghurt
2 EL gutes mildes Currypulver
2 EL Kurkuma (Gelbwurzpulver)
Saft von 1 Zitrone
Salz, frisch gemahlener Pfeffer

1. Die Keulen waschen und trockentupfen. Joghurt mit Curry, Kurkuma, Zitronensaft, Salz und Pfeffer in einer großen Schüssel gründlich miteinander verrühren.

2. Die Keulen in der Joghurtmasse mehrmals wenden. Sie müssen rundherum dick mit der Joghurtmarinade bedeckt sein.

3. Dann nebeneinander in eine entsprechend große, feuerfeste Form legen und mit der restlichen Joghurtcreme übergießen. Zugedeckt mindestens 24 Stunden an einem kühlen Ort marinieren.

4. Den Backofen auf 200° C vorheizen. Die Form mit den Keulen auf die mittlere Schiene stellen und im heißen Backofen ca. 40 Minuten garen.

5. Die Keulen herausnehmen und auf einer Platte anrichten. Die Sauce glattrühren und über den Keulen verteilen. Mit knusprigem Stangenweißbrot und Salat servieren.

Nehmen Sie für die Marinade unbedingt Vollmilchjoghurt, denn fettarmer Joghurt flockt leicht aus und die Sauce wird unansehnlich.

Gebratene Putenschnitzel mit Spargel

Für 4 Personen

4 Putenschnitzel
Salz, frisch gemahlener Pfeffer
1 EL Mehl
500 g weißer Spargel
20 g Butter
3 EL Keimöl
Spargelbrühe zum Aufgießen
1 Eigelb

1. Spargel schälen und in Salzwasser mit Zucker und 10 g Butter in 15 bis 20 Minuten, je nach Dicke der Stangen, bißfest kochen.

2. Putenschnitzel waschen und trockentupfen. Mit Salz und Pfeffer würzen und in Mehl wenden. Überschüssiges Mehl abschütteln.

3. Öl und restliche Butter in einer Pfanne erhitzen und die Putenschnitzel darin auf beiden Seiten anbraten. Mit etwas Spargelbrühe aufgießen und gar dünsten.

4. Nach ca. 15 Minuten die in Stücke geschnittenen Spargelstangen dazugeben und kurz darin erwärmen.

5. Das Eigelb mit etwas Spargelbrühe verquirlen und die Sauce damit binden. Falls nötig noch mit Salz und Pfeffer abschmecken.

Ich friere zur Spargelzeit immer mehrere Portionen Spargelabschnitte ein und verwende sie entweder für dieses Gericht oder für das Hühnerfrikassee (Seite 85).

Putenschnitzel mit Gemüse der Saison

Für 4 Personen

4 Putenschnitzel
3–4 EL Sojasauce
2 rote Paprikaschoten
1 gelbe Paprikaschote
2 kleine Zucchini
250 g Zuckerschoten
1 Zwiebel
4 EL Keimöl
100 ml Hühnerbrühe
4–5 EL trockener Weißwein
Salz, frisch gemahlener Pfeffer

1. Die Putenschnitzel waschen, trockentupfen und in Streifen schneiden. Mit Sojasauce vermischen und mindestens 1 Stunde marinieren.

2. Die Paprikaschoten halbieren und entkernen, die Zucchini waschen und alles in feine Streifen schneiden. Von den Zuckerschoten die Enden abknipsen. Die Zwiebel schälen, halbieren und ebenfalls in Streifen schneiden.

3. 2 Eßlöffel Öl in einer tiefen Pfanne oder im Wok erhitzen und die Putenstreifen darin kurz anbraten. Herausnehmen und beiseite legen. Das restliche Öl in die Pfanne geben und nach und nach unter ständigem Rühren das Gemüse darin bißfest braten.

4. Das Putenfleisch wieder dazugeben, mit Hühnerbrühe und Wein aufgießen und kurz durchkochen lassen. Mit Salz und Pfeffer würzig abschmecken und mit Reis oder Weißbrot servieren.

Putenschnitzel auf gedünsteten Tomaten

Für 4 Personen

4 Putenschnitzel
Salz, frisch gemahlener Pfeffer
1 EL Mehl
500 g vollreife Strauchtomaten
1 Zwiebel
3 EL Olivenöl
100 ml saure Sahne

1. Die Putenschnitzel waschen, trockentupfen und in schmale Streifen schneiden. Mit Salz und Pfeffer würzen und mit Mehl bestäuben.

2. Die Tomaten blanchieren, häuten, entkernen und in Würfel schneiden. Die Zwiebel schälen und würfeln.

3. Das Öl in einer Pfanne erhitzen und die Putenstreifen darin anbraten. Herausnehmen und warm stellen. Die Zwiebelwürfel im Bratfett glasig dünsten. Die Tomaten dazugeben und kurz mit anschwitzen. Putenstreifen und saure Sahne untermischen und zugedeckt ca. 20 Minuten garen. Mit Reis oder Weißbrot servieren.

Gefüllte Putenbrust

Für 8 Personen

1,2 kg Putenbrust
Salz, frisch gemahlener Pfeffer
1 mittelgroße Zwiebel, 2 Karotten, 150 g Champignons oder Austernpilze
1 Bund Petersilie, abgeriebene Schale von 1 unbehandelten Zitrone
1 Eigelb, 5–6 dünne Scheiben durchwachsener Räucherspeck
100 g Butter, ½ l trockener Weißwein
⅛ l Sahne

1. Die Putenbrust waschen, trockentupfen und mit einem großen scharfen Messer eine entsprechend tiefe Tasche einschneiden. Innen und außen salzen und pfeffern.

2. Zwiebel und Karotten schälen, die Pilze putzen und die Petersilie fein hacken. Die Zwiebel in Würfel schneiden und die Karotten fein reiben. Das Eigelb hinzufügen und alles miteinander vermischen. Mit Zitronenschale, Salz und Pfeffer würzen und die Mischung in die vorbereitete Tasche füllen. Mit Küchengarn zunähen.

3. Die Putenbrust mit den Speckscheiben belegen und mit Küchengarn festbinden.

4. Den Backofen auf 220° C vorheizen. 50 g Butter in einem Bräter zerlassen und die Putenbrust darin rundherum anbraten. Auf die mittlere Schiene des vorgeheizten Backofens stellen und nach 10 Minuten die Hitze auf 200° C reduzieren. Weitere 50 Minuten braten lassen, dabei immer wieder mit der restlichen Butter bestreichen und mit dem erwärmten Wein begießen.

5. Den Putenbraten herausnehmen und warm stellen. Die Sahne unter den Bratenfond rühren, kurz durchkochen lassen und durch ein Sieb streichen. Das Fleisch in Scheiben schneiden und die Sauce getrennt dazu reichen.

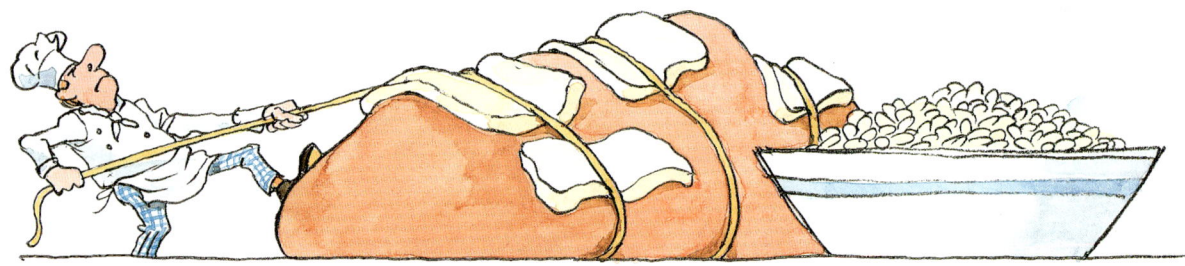

Als Beilage serviere ich dazu am liebsten Naturreis!

Gefüllter Truthahn

Für 10 – 12 Personen

1 junger Truthahn von ca. 3½ kg
Salz, frisch gemahlener Pfeffer, 80 g zerlassene Butter zum Braten
Erster Vorschlag für die Füllung:
Leber und Herz des Truthahns
70 g Butter, 2 Eier, 1 Bund Petersilie, 1 große Zwiebel
Semmelbrösel, Salz, frisch gemahlener Pfeffer
Zweiter Vorschlag für die Füllung:
1 kg Kastanien, 70 g Butter, 1 EL Zucker, ¼ l Fleischbrühe
Salz, frisch gemahlener Pfeffer

1. Den Truthahn gründlich waschen und trockentupfen. Innen und außen mit Salz und Pfeffer einreiben.

Für die erste Füllung Putenleber fein schaben, das Herz in kleine Würfel schneiden. Die Petersilie fein hacken und die geschälte Zwiebel in kleine Würfel schneiden. Die weiche Butter cremig rühren. Nach und nach die Eier, die Petersilie und die Zwiebelwürfel und so viele Semmelbrösel dazugeben, bis eine geschmeidige Masse entsteht. Mit Salz und Pfeffer abschmecken.

Für die zweite Füllung die Kastanien an der Oberseite kreuzweise einritzen und so lange im heißen Backofen rösten, bis die Schalen aufspringen. Dann schälen und etwas abkühlen lassen. Butter und Zucker in einen Topf geben und unter Rühren bei mittlerer Hitze hellgelb karamelisieren lassen. Mit Fleischbrühe ablöschen, die Kastanien zugeben und weich dünsten. Sie dürfen aber nicht zerfallen. Mit Salz und Pfeffer würzen.

2. Den Backofen auf 220° C vorheizen.

3. Den Truthahn mit einer der beiden Füllungen füllen, mit Küchengarn zunähen. In einen großen Bräter legen und mit der Hälfte der zerlassenen Butter bestreichen. 30 Minuten braten lassen, dann die Hitze auf 160° C reduzieren und weitere 2 bis 2 ½ Stunden fertig braten, dabei immer wieder mit der restlichen Butter und dem Bratensaft begießen.

4. Den Truthahn herausnehmen und tranchieren. Die Sauce kurz durchkochen lassen und getrennt dazu reichen. Dazu paßt Kartoffelpüree.

Gefüllte Bauernente

Für 6 Personen

1 Ente von ca. 2½ kg
Salz, frisch gemahlener Pfeffer
1½ altbackene Brötchen
ca. 200 ml heiße Milch
40 g Butter, 2 Eier
Herz, Magen und Leber der Ente
1 EL gehackte Petersilie
1 EL Zwiebelwürfel
abgeriebene Schale von 1 unbehandelten Zitrone
frisch geriebene Muskatnuß

1. Die Ente waschen, trockentupfen und mit Salz und Pfeffer einreiben. Den Backofen auf 180° C vorheizen.

2. Die Brötchen in Scheiben schneiden und mit Milch übergießen. Die Butter cremig rühren und nach und nach die Eier, die ausgedrückten Brötchen, die geschabte Leber, Magen und Herz, fein gehackt, sowie Petersilie und Zwiebelwürfel dazugeben. Mit Zitronenschale, Muskat, Salz, Pfeffer würzen.

3. Die Ente damit füllen, zunähen und im heißen Backofen 1½ bis 2 Stunden braten, dabei zwischendurch mit heißem Wasser begießen.

4. Die Ente herausnehmen und tranchieren, die Sauce entfetten und dazu reichen.

Köstlich schmeckt die Ente mit 2 bis 3 geschälten und mit einer Gabel eingestochenen Orangen gefüllt. Die Ente wird dann mit einer Zwiebel gebraten und mit wenig Wasser aufgegossen. Nach dem Tranchieren die Orangen in der Sauce zerdrücken, passieren und abschmecken.

Gefüllte Bauerngans

Für 8–10 Personen

1 frische Bauerngans von ca. 4½ kg
Salz, frisch gemahlener Pfeffer
500 g Kastanien
⅛ l Fleischbrühe, 1 Prise Zucker
5–6 Brötchen, ca. ½ l heiße Milch
1 Bund gehackte Petersilie
1 große Zwiebel (in Würfel geschnitten)
abgeriebene Schale von 1 unbehandelten Zitrone
1 TL gehackter Beifuß (notfalls getrocknet)
1 großer, fein geriebener Apfel (z. B. Boskop)
2 Eier

1. Die Gans waschen, trockentupfen und mit Salz und Pfeffer einreiben.

2. Die Kastanien kreuzweise einschneiden, im heißen Backofen rösten, schälen und in der Fleischbrühe mit Zucker weich kochen. Sie dürfen aber nicht zerfallen.

3. Die in Scheiben geschnittenen Brötchen mit Milch übergießen, durchrühren und alle übrigen Zutaten dazugeben. Gründlich verrühren, dann die gut abgetropften Kastanien unterziehen. Den Backofen auf 220° C vorheizen.

4. Die Gans mit dieser Masse füllen und mit Küchengarn zunähen. Mit dem Rücken nach oben in einen großen Bräter legen, mit etwas Wasser begießen und zugedeckt 1 Stunde garen. Dann den Deckel abnehmen und eine weitere Stunde unter Begießen mit heißem Wasser braten. Nach 2 Stunden wenden, die Hitze auf 200° C reduzieren und noch etwa 1 Stunde braten. Herausnehmen und tranchieren, den Bratensaft entfetten.

Gebratene Bauerngans

Für 8–10 Personen

1 frische Bauerngans von ca. 4½ kg
Salz, frisch gemahlener Pfeffer
2 Zwiebeln
1 Beifußzweig

1. Die Gans von allen Fettlappen befreien, gründlich, vor allem innen, waschen und trockentupfen. Mit einem Salz-Pfeffer-Gemisch einreiben und über Nacht kalt stellen.

2. Am nächsten Tag den Backofen auf 220° C vorheizen. Die geschälten, unzerteilten Zwiebeln und den Beifuß in die Bauchhöhle füllen, mit dem Rücken nach oben in den Bräter legen (die Gans soll in den Ofen laufen). Etwas Wasser zufügen und die erste Stunde zugedeckt braten.

3. Den Deckel abnehmen und nach und nach die Gans je nach Bedarf immer wieder mit heißem Wasser begießen.

4. Nach ca. 2 Stunden die Gans wenden, die Temperatur auf 200° C reduzieren und knusprig bräunen lassen. Mit einem Löffel das ausgebratene Fett abschöpfen und bei Bedarf noch etwas heißes Wasser nachgießen.

5. Nach etwa 3 Stunden die Gans herausnehmen, tranchieren und mit rohen Kartoffelknödeln, Sauerkraut und Selleriesalat zu Tisch bringen.

So zubereitet kommt bei uns traditionell jedes Jahr die Weihnachtsgans auf den Tisch.

Gans- oder Entenjung

Für 4 Personen

Hals, Flügel, Leber, Herz, Magen von Ente oder Gans, Weinessig, Wasser
1 geschälte, geviertelte Zwiebel
1 geschälte, geviertelte Karotte
abgeriebene Schale von 1 unbehandelten Zitrone
Salz, frisch gemahlener Pfeffer
2 Gewürznelken, 2 Lorbeerblätter
2 EL Mehl
3 EL Gänseschmalz
etwas Zucker

1. Alle Fleischteile mit Ausnahme der Leber 1 bis 2 Tage in eine Beize legen aus: Essig und Wasser zu gleichen Teilen, Zwiebel, Karotte und Gewürze. Es muß so viel Flüssigkeit sein, daß alle Fleischteile bedeckt sind.

2. Am Tag der Zubereitung die Beize samt Inhalt zum Kochen bringen und bei schwacher Hitze so lange köcheln lassen, bis die Geflügelteile weich sind. Kurz vor Ende der Garzeit die Leber dazugeben. Die Geflügelteile herausfischen und den Sud durch ein Sieb gießen.

3. Butterschmalz erhitzen und das Mehl mit dem Zucker unter Rühren dunkel anrösten. Mit so viel Sud aufgießen, bis eine sämige Sauce entsteht. Gut durchkochen lassen.

4. Das Fleisch von den Knochen lösen und wie die Innereien in Würfel schneiden. In die Sauce geben und alles noch einmal kurz erhitzen. Mit Salz und Pfeffer und falls nötig noch mit etwas Essig abschmecken. Mit Semmelknödeln oder Salzkartoffeln servieren.

Fasan auf Champagnerkraut

Für 4 Personen

2 junge küchenfertige Fasane von 800 g
Salz, frisch gemahlener Pfeffer
dünne Speckscheiben zum Umwickeln
40 g zerlassene Butter, 1 Zitrone
Für das Champagnerkraut:
1 mittelgroße Zwiebel, 1 EL Schweineschmalz
1 kg Sauerkraut (frisch aus dem Faß oder selbst eingelegt)
3–4 Wacholderbeeren, 250 g weiße Trauben
¼ l Champagner

1. Die Fasane waschen, trockentupfen und von innen salzen und pfeffern, von außen nur etwas mit Salz einreiben. Mit den Speckscheiben belegen und mit Küchengarn festbinden.

2. Den Backofen auf 200° C vorheizen. Einen Bräter mit 20 g Butter ausstreichen und die Fasane mit der Brustseite nach unten hineinlegen. 30 Minuten braten lassen, dann wenden und in weiteren 30 bis 40 Minuten unter häufigem Begießen mit Butter und Bratensaft garen.

3. Für das Champagnerkraut die Zwiebel schälen, in Würfel schneiden und im erhitzten Schmalz glasig dünsten. Sauerkraut, zerdrückte Wacholderbeeren und die halbierten, entkernten Trauben dazugeben, alles gut vermischen und mit etwas Wasser aufgießen. Es darf jedoch so gut wie keine Flüssigkeit im Topf sein. Bei schwacher Hitze garen lassen. Kurz vor dem Anrichten mit Champagner verfeinern.

4. Die Fasane herausnehmen und den Speckmantel entfernen. Den Fasan tranchieren und auf dem Champagnerkraut anrichten. Mit Zitronenscheiben garnieren und lockeres Kartoffelpüree dazu reichen.

Ähnlich wie der Fasan schmeckt auch kroß gebratene Gänsebrust, auf Champagnerkraut angerichtet, hervorragend.

Rebhühner in Madeirasauce

Für 2 Personen

2 küchenfertige Rebhühner
1 schwarze Trüffel
2 Schalotten
1 Bund Suppengrün
50 g Butter
1–1½ EL Mehl
¼ l Fleischbrühe
Salz, frisch gemahlener Pfeffer
4 cl Madeira
2 EL Zitronensaft
2 Weißbrotscheiben
20 g Butterschmalz

1. Von beiden Rebhühnern die Brüste auslösen und mit dem in Stifte geschnittenen Trüffel spicken.

2. Den Rest der Rebhühner klein hacken und mit den geschälten und in Würfel geschnittenen Schalotten sowie dem kleingeschnittenen Suppengrün in 20 g erhitzter Butter anbraten. Mit Mehl bestäuben, mit Fleischbrühe aufgießen und mit Salz und Pfeffer würzen. Gut durchkochen lassen, dann durch ein Sieb gießen. Die Fleischreste von den Knochen lösen. (Sie ergeben zusammen mit der Brühe eine köstliche Suppe.)

3. Die restliche Butter erhitzen und die gewürzten Rebhuhnbrüste auf beiden Seiten 10 Minuten anbraten. Mit Rebhuhnfond aufgießen und darin 15 Minuten garen. Die Sauce mit Madeira und Zitronensaft abschmecken. Auf gerösteten Brotscheiben anrichten.

Gefüllte gebratene Tauben

Für 4 Personen

4 küchenfertige Tauben
Salz, frisch gemahlener Pfeffer
50 g Butter
1 Ei, 60 g Semmelbrösel
Herz, Leber und Mägen der Tauben
2 EL Zwiebelwürfel
1 EL gehackte Petersilie
abgeriebene Schale von 1 unbehandelten Zitrone
80 g Butter

1. Die Tauben innen und außen waschen, trockentupfen, salzen und pfeffern.

2. Für die Füllung die Butter cremig rühren. Ei, Semmelbrösel, die kleingeschnittenen Herzen und Mägen, geschabte Leber, die Zwiebelwürfel und die Petersilie dazugeben. Mit Zitronenschale, Salz und Pfeffer herzhaft würzen und zu einer geschmeidigen Masse verrühren. Den Backofen auf 200° C vorheizen.

3. Die Täubchen mit dieser Masse füllen und die Öffnungen mit einem Zahnstocher verschließen. Einen Bräter mit 20 g Butter ausfetten und die Täubchen hineinlegen. Im heißen Backofen 45 Minuten braten, dabei immer wieder mit der restlichen Butter und mit dem Bratensaft bestreichen.

4. Herausnehmen, halbieren und mit Semmelpudding und der passierten Sauce servieren.

In meiner Kindheit war dies mein Geburtstagsessen.

Die Zeiten, da große Fleischportionen ein Statussymbol waren, sind vorbei. Die Einflüsse ausländischer Küchen und nicht zuletzt die Besinnung auf unsere eigene Tradition haben in erster Linie bei den jüngeren Menschen zu einer Änderung der Ernährungsweise beigetragen. Wenn man ein oder zwei Generationen zurückblickt, war Fleisch während der Woche eine eher seltene Angelegenheit, dafür freute man sich um so mehr auf den sonntäglichen Braten.

Gerade dieses Kapitel erinnert mich sehr an meine bayerische Heimat. Viele der nachfolgenden Rezepte habe ich von einzelnen Lebensstationen mitgenommen. Die niederbayerische, fränkische und schwäbische Küche bieten eine unglaubliche Auswahl an herzhaften Mehlspeisen, die jedes Genießerherz höher schlagen lassen: Roggenspätzle mit Sauerkrautsalat, Semmelpudding mit Steinpilzen oder die vielen würzigen Kartoffelspeisen – da vermißt keiner ein Stück Fleisch. Wobei man allerdings viele Speisen auch als Beilage zu einem Fleisch- oder Fischgericht servieren kann. Jeder nach seinem Gusto.

Selbstgemachte Nudeln mit Gorgonzolasauce

Für 4 Personen

Für den Nudelteig:
200 g Mehl, 2 Eier
1/2 TL Salz, evtl. etwas Wasser
Für die Gorgonzolasauce:
1/2 l Sahne, 200 g Crème fraîche, 150–200 g Gorgonzola, 3 EL trockener Weißwein
frisch geriebene Muskatnuß, Salz, 50 g grobgehackte Walnüsse

1. Das Mehl auf ein Backbrett sieben, in die Mitte eine Vertiefung drücken und Eier und Salz hineingeben. Mit einer Gabel die Eier mit etwas Mehl vorsichtig verquirlen.

2. Anschließend mit den Händen zu einem glatten Teig verkneten. Sollte der Teig zu trocken sein (es hängt von der Größe der Eier ab), etwas Wasser dazugeben und rasch unterkneten. Den Teig so lange kneten, bis die Oberfläche einen matten Glanz bekommt und sich beim Durchschneiden feine Ringe im Teig abzeichnen.

3. Dann bei Zimmertemperatur zugedeckt mindestens 30 Minuten ruhen lassen.

4. Den Teig entweder auf einem leicht bemehlten Backbrett mit einem Nudelholz zu dünnen runden Fladen oder mit Hilfe einer Nudelmaschine zu dünnen Streifen ausrollen.

5. Die Teigflecke mit wenig Mehl bestäubt nebeneinanderliegend kurz antrocknen lassen.

6. Entweder mit einem scharfen großen Messer in feine oder breitere Streifen schneiden oder erneut mit dem entsprechenden Vorsatz der Nudelmaschine in die gewünschte Form bringen.

7. Die Nudeln locker mit etwas Mehl bestäubt trocknen lassen, damit sie nicht aneinanderkleben.

8. Reichlich Salzwasser in einem großen Topf zum Kochen bringen.

9. Für die Gorgonzolasauce Sahne und Crème fraîche etwas einkochen lassen. Den in Stücke geschnittenen Gorgonzola dazugeben und schmelzen lassen. Den Wein dazugießen und mit einem Schneebesen kräftig durchrühren. Mit Muskat und vorsichtig mit Salz abschmecken und die Walnüsse unterrühren.

10. Die Nudeln in wenigen Minuten bißfest kochen und auf einem Durchschlag gut abtropfen lassen. Sofort mit der Gorgonzolasauce vermischen und mit Salat servieren.

An einem luftigen Ort halten sich selbstgemachte Nudeln
im Leinensäckchen bis zu zwei Wochen.

Maultaschen

Für 4 Personen

Für den Nudelteig:
200 g Mehl, 2 Eier, $\frac{1}{2}$ TL Salz, evtl. etwas Wasser
Für die Füllung:
750 g Rinderhack, 2 altbackene Brötchen, $\frac{1}{4}$ l heiße Milch
1 Bund Petersilie, 1 Bund Dill, 1 große Zwiebel, 4 Eier
Salz, frisch gemahlener Pfeffer, frisch gemahlene Muskatnuß
1–1$\frac{1}{2}$ l Fleischbrühe

1. Den Nudelteig nach dem Grundrezept von Seite 96 zubereiten und bei Zimmertemperatur ruhen lassen.

2. Für die Füllung die feingeschnittenen Brötchen mit Milch begießen. Petersilie und Dill hacken, die Zwiebel schälen und in kleine Würfel schneiden.

3. Das Hackfleisch mit den ausgedrückten Brötchen, den Eiern, Petersilie, Dill und Zwiebelwürfeln vermischen und mit Salz, Pfeffer und Muskat herzhaft würzen.

4. Den Nudelteig entweder mit dem Nudelholz oder der Nudelmaschine dünn ausrollen. Die Teigplatten mit der Hackfleischmasse gleichmäßig dick bestreichen und ca. 5 cm breit gegeneinander einschlagen. Mit einem scharfen Messer 6 bis 7 cm breite Maultaschen abschneiden. Die Schnittstellen gut gegeneinander festdrücken, damit beim Kochen kein Fleischteig austreten kann. Man kann die Schnittstellen zusätzlich mit etwas Eiweiß bestreichen.

5. Die Fleischbrühe zum Kochen bringen und die Maultaschen darin ca. 6 Minuten köcheln lassen. Anschließend zugedeckt bei schwacher Hitze gar ziehen lassen.

6. Die Maultaschen entweder mit Schnittlauch bestreut in der Brühe servieren oder als abgeschmolzene Maultaschen auf den Tisch bringen. Dazu eignen sich am besten am Vortag zubereitete Maultaschen, die dann in der Pfanne abgeröstet und mit kroß gebratenen Zwiebeln bestreut angerichtet werden. Dazu ißt man Kartoffelsalat und grünen Salat.

Ersetzt man die angegebene Hackfleischmenge durch blanchierten, feingehackten Wirsing oder durch gegartes Sauerkraut, werden daraus vegetarische Maultaschen, die garantiert auch jeden Nichtvegetarier begeistern. Da die Zubereitung von Maultaschen eine etwas aufwendige Angelegenheit ist, empfiehlt es sich, gleich eine größere Menge herzustellen und einen Teil davon einzufrieren. Auf diese Weise hat man jederzeit eine Suppeneinlage, oder man kann kurzfristig abgeschmolzene Maultaschen zubereiten.

Roggenkäsespätzle mit Sauerkrautsalat

Für 2 Personen

<u>Für die Spätzle:</u>
200 g Roggenvollkornmehl, 2 Eier
1 TL Jodsalz, etwas lauwarmes Wasser, 1 große rote Zwiebel, 1 EL Olivenöl
30 g Butter, 80 g geriebener Bergkäse, frisch gemahlener schwarzer Pfeffer
<u>Für den Sauerkrautsalat:</u>
500 g selbsteingelegtes Sauerkraut (falls aus der Konserve, vorher kurz wässern)
1 Apfel, 1 kleine rote Zwiebel, 1 EL Keimöl, Gewürzpfeffer

1. Roggenvollkornmehl, Eier, Salz und etwas lauwarmes Wasser mit einem Kochlöffel zu einem geschmeidigen Teig schlagen und mindestens 30 Minuten zugedeckt ruhen lassen.

2. Währenddessen für den Salat das Sauerkraut in eine Schüssel geben. Den Apfel waschen und reiben, die kleine rote Zwiebel schälen und in Würfel schneiden. Beides mit dem Öl unter das Sauerkraut mischen. Mit Gewürzpfeffer abschmecken. Nicht salzen! Im Kühlschrank ca. 1 Stunde durchziehen lassen.

3. Reichlich Salzwasser in einem großen Topf zum Kochen bringen. Den Spätzleteig mit Hilfe eines Spätzlehobels in das kochende Wasser schaben. Sobald die Spätzle an der Oberfläche schwimmen, mit einem Schaumlöffel herausheben, sofort in kaltem Wasser abschrecken und auf einem Durchschlag abtropfen lassen.

4. Die große rote Zwiebel schälen, in Streifen schneiden und in heißem Öl anbraten. 10 g Butter dazugeben und zergehen lassen. Die restliche Butter zerlassen und die Spätzle darin schwenken. Auf Tellern anrichten, mit der gerösteten Zwiebel belegen und mit Bergkäse und Pfeffer bestreuen. Sofort mit dem Sauerkrautsalat servieren.

*Genauso wie der Roggenspätzleteig wird auch
der übliche Spätzleteig aus hellem Weizenmehl zubereitet. Für 4 Personen
nehme ich 500 g Mehl, 8 Eier, Salz und so viel Wasser wie nötig.*

Champignon-Kuchen

Für 4 Personen

Für den Teig:
200 g Mehl, 1 Prise Salz
2 Eier, 1 EL Olivenöl
1–2 EL lauwarmes Wasser
Für den Belag:
500 g Champignons, 1 EL Zitronensaft
250 g Tomaten, 200 g Schafskäse
1 Bund frischer Thymian
4 Eigelb, 200 ml Sahne
100 g frisch geriebener Parmesan
Salz, frisch gemahlener Pfeffer
frisch geriebene Muskatnuß, 4 Eiweiß
Butter und Semmelbrösel für die Form

1. Für den Boden Mehl, Salz, Eier, Öl und Wasser zu einem glatten Teig verkneten. Zugedeckt bei Zimmertemperatur 1 Stunde ruhen lassen.

2. Champignons putzen, blätterig schneiden und mit Zitronensaft beträufeln. Tomaten blanchieren, häuten, entkernen und wie den Schafskäse in kleine Würfel schneiden, den Thymian fein hacken. Backofen auf 200° C vorheizen.

3. Eine Springform von 20 cm Durchmesser mit Butter ausfetten und ausbröseln. Mit dem ausgerollten Teig auskleiden und einen etwa 4 cm hohen Rand hochziehen.

4. Eigelb, Sahne, Parmesan, Salz, Pfeffer und Muskat verquirlen und mit den vorbereiteten Zutaten vermischen. Zum Schluß den steifgeschlagenen Eischnee unterziehen. In die ausgekleidete Form füllen und in etwa 45 Minuten goldbraun backen.

Gemüsestrudel

Für 4 Personen

Für den Strudelteig:
250 g Mehl
1 Ei, 2 TL Öl
1 Prise Salz, ⅛ l lauwarmes Wasser
Für die Füllung:
1 kg Spinat
1 mittelgroße, kleingehackte Zwiebel
70 g Butter
Salz, frisch geriebene Muskatnuß
100 g Semmelbrösel
200 ml saure Sahne

1. Die angegebenen Zutaten zu einem glatten Strudelteig verkneten und zugedeckt ruhen lassen.

2. Für die Füllung die Spinatblätter sorgfältig verlesen, gründlich waschen und gut abtropfen lassen. Kurz blanchieren und durch den Fleischwolf drehen. Den Backofen auf 180° C vorheizen.

3. Die Zwiebel schälen, in kleine Würfel schneiden und in der erhitzten Butter glasig dünsten. Den Spinat dazugeben, mit anschwitzen, bis die Flüssigkeit verdampft ist, dann mit Salz und Muskat abschmecken.

4. Den Strudelteig möglichst dünn ausziehen und auf einem großen Küchentuch ausbreiten. Mit Semmelbröseln bestreuen und den Spinat darauf verteilen. Mit Hilfe des Tuches zusammenrollen und in einen ausgefetteten Bräter gleiten lassen. Mit saurer Sahne bestreichen und im heißen Backofen 45 Minuten backen, dabei mehrmals mit saurer Sahne bepinseln.

Überbackene Schwarzwurzeln

Für 4 Personen

1 kg Schwarzwurzeln
2 EL Essig, 1 EL Mehl
Salz
40 g Butter
1 EL Zwiebelwürfel
40 g Mehl
¼ l Gemüsebrühe
¼ l Sahne
2 EL frisch geriebener Hartkäse
2 Eigelb, 2 Eiweiß
Butter für die Form

1. Die Schwarzwurzeln unter fließendem Wasser schrubben, dünn abschälen und in gleich lange Stücke schneiden. Sofort in mit Essig und Mehl vermischtes Wasser legen, damit die Wurzeln nicht verfärben. Anschließend in wenig Salzwasser weich kochen und abgetropft in eine gefettete, feuerfeste Form geben. Den Backofen auf 180° C vorheizen.

2. Die Butter zerlassen und die Zwiebelwürfel darin glasig dünsten. Das Mehl dazugeben und kurz aufschäumen lassen. Mit Gemüsebrühe ablöschen, mit Sahne aufgießen und gut durchkochen lassen. Den Käse unterrühren und mit Salz abschmecken. Zum Schluß die Eigelb unterrühren und das steifgeschlagene Eiweiß unterziehen. Die Béchamelmasse über das Gemüse verteilen und im heißen Backofen in 45 Minuten goldbraun überbacken.

Gebackener Blumenkohl im Bierteig

Für 4 Personen

1 großer Blumenkohl
Salz
Für den Bierteig:
250 g Mehl
¼ l helles Bier
1 EL Keimöl, Salz
2 Eigelb
2 Eiweiß
Keimöl zum Ausbacken

1. Den Blumenkohl in mundgerechte Röschen teilen und im kochenden Salzwasser bißfest kochen. Sie dürfen nicht zu weich sein.

2. Das Mehl mit Bier, Öl und Eigelb zu einem geschmeidigen Teig verrühren, salzen und zum Schluß das steifgeschlagene Eiweiß unterziehen. Das Öl in einer Friteuse auf 180° C erhitzen.

3. Den Blumenkohl mit Hilfe einer Gabel oder eines Schaschlikspießes in den Teig tauchen und sofort im heißen Öl goldgelb ausbacken. Mit einer der würzigen Saucen von den Seiten 26 bis 30 und einem knackigen Salat servieren.

Sehr gut eignet sich auch Knollensellerie zum Ausbacken. Er wird ebenfalls al dente gekocht, im Bierteig gewendet und in heißem Fett ausgebacken.

Bayerisches Weißkraut

Für 4 Personen

I kg Weißkraut (Weißkohl)
I mittelgroße Zwiebel
I EL Schweine- oder Butterschmalz
etwas Zucker
3⁄8 l Gemüsebrühe oder Wasser
Salz, I TL Kümmel
I EL Mehl oder I kleine, geriebene Kartoffel
3–4 EL Weißwein

1. Die äußeren Blätter des Krautkopfes entfernen. Das Weißkraut vierteln, waschen und
den mittleren harten Strunk herausschneiden.
Die Viertel in feine Streifen schneiden oder
auf einem Gurkenhobel hobeln. Die Zwiebel
schälen und in kleine Würfel schneiden.

2. Das Schmalz erhitzen und den Zucker darin
leicht karamelisieren lassen. Zwiebelwürfel
und Krautstreifen dazugeben, alles andünsten.

3. Mit Brühe oder Wasser aufgießen, mit Salz
und Kümmel würzen und bei schwacher Hitze
gut 1 Stunde köcheln lassen, dabei öfter
umrühren.

4. Nach Bedarf mit etwas kalt angerührtem
Mehl oder der feingeriebenen Kartoffel binden. Ob dies nötig ist, hängt von der Beschaf-
fenheit des Krautes ab. Zum Schluß mit
Weißwein abschmecken.

Das gedünstete Weißkraut wird durch noch-
maliges Erwärmen geschmacklich noch besser.
Durch Schweineschmalz erhält das Kraut
einen besonders schönen Glanz.

Blaukraut

Für 4 Personen

I Blaukraut von ca. I kg (Rotkohl)
2 mürbe Äpfel, z. B. Boskop
I große Zwiebel
I EL Butterschmalz
2 TL Zucker
ca. 80 ml Rotweinessig
Salz, 3–4 EL Rotwein

1. Das Blaukraut in gleicher Weise wie das
Weißkraut vorbereiten.

2. Äpfel schälen, vierteln, entkernen und reiben. Die Zwiebel schälen und in Würfel
schneiden.

3. Butterschmalz erhitzen und den Zucker
darin leicht karamelisieren lassen. Die geras-
pelten Äpfel, die Zwiebelwürfel und das geho-
belte Kraut dazugeben und kurz andünsten.
Sofort mit Essig übergießen und salzen.
Mit etwas Wasser begießen und bei schwacher
Hitze gut 1 Stunde köcheln lassen. Mit Rotwein abschmecken.

frei nach W. Busch

WOFÜR SIE BESONDERS SCHWÄRMT,
WENN ER WIEDER AUFGEWÄRMT.

Fingernudeln

Für 4 Personen

Erste Version:
500 g Mehl
knapp ¼ l heißes Wasser, Salz
100 g Butterschmalz, 2 Eier, 3 EL Semmelbrösel
Zweite Version:
500 g Mehl, 30 g Hefe, ¼ l lauwarme Milch, etwas Zucker
2 Eier, 1 Prise Salz, 40 g zerlassene Butter, Rezept Gorgonzolasauce

1. Für die erste Version Mehl und Wasser zu einem festen Teig verarbeiten. Salzen und zu kleinen, fingerlangen, dünnen Nudeln (Würstchen) formen.

2. Reichlich Salzwasser zum Kochen bringen und die Nudeln darin ca. 10 Minuten kochen. Auf einen Durchschlag schütten und mit kaltem Wasser abschrecken. Den Backofen auf 200° C vorheizen.

3. Butterschmalz in einer Pfanne erhitzen und die Nudeln darin unter Schwenken der Pfanne anbraten.

4. In eine feuerfeste Form schichten und mit verquirlten Eiern übergießen. Mit Semmelbröseln bestreuen und im heißen Backofen kurz überbacken.
Mit Sauerkraut servieren.

1. Für die zweite Version aus Mehl, Hefe, Milch, Zucker und Salz einen festen Hefeteig zubereiten (siehe Nußkranz auf Seite 138).

2. Aus dem aufgegangenen Hefeteig ebenfalls fingerlange dünne Würstchen formen.

3. Eine feuerfeste Form mit 10 g zerlassener Butter ausstreichen und die Fingernudeln der Länge nach hineinlegen. Erneut mit etwas zerlassener Butter bestreichen und eine zweite Lage Fingernudeln im 90-Grad-Winkel gitterförmig darauf anordnen. Noch einmal etwa 20 Minuten an einem warmen Ort gehen lassen.

4. Den Backofen auf 180° C vorheizen. In der Zwischenzeit eine Gorgonzolasauce (siehe Rezept auf Seite 96) zubereiten und die Fingernudeln damit übergießen. Im heißen Backofen auf der mittleren Schiene goldgelb überbacken.

Wer die Fingernudeln lieber süß mag,
der übergießt die Hefenudeln mit gezuckerter Milch,
bevor sie im Backofen kurz überbacken werden.

Topfennudeln

Für 4 Personen

500 g Topfen (Magerquark)
1 Ei
1 Würfel (42 g) Hefe
oder 1½ Päckchen Trockenhefe
1–2 TL Salz
750 g Mehl
1 Prise Salz
Keimöl oder Butterschmalz zum Ausbacken

1. Den Topfen in eine große Schüssel geben und mit Ei, zerbröselter Hefe, Salz und der Hälfte des Mehls zu einem glatten Teig verrühren. Zugedeckt an einem warmen Ort gehen lassen.

2. Nachdem sich die Teigmenge verdoppelt hat, die zweite Hälfte des Mehls unterkneten.

3. Mit einem Löffel etwas vom Teig abstechen und zu fingerdicken Nudeln formen. Reichlich Fett in einer Friteuse auf 180° C erhitzen und die Nudeln darin portionsweise goldbraun ausbacken.

4. Als Beilage ißt man in Niederbayern Sauerkraut oder Wirsinggemüse dazu.

Leider bekommt man den etwas trockeneren Topfen nicht überall. Der herkömmliche Speisequark ist meist ziemlich feucht, daher ist es ratsam, ihn vor dem Verarbeiten einige Stunden über einem Sieb abtropfen zu lassen.

Kartoffelnudeln

Für 4 Personen

1 kg mehligkochende Kartoffeln
Salz
300 – 350 g Mehl
2 Eier

1. Kartoffeln schälen, waschen und in wenig Salzwasser gar kochen. Das Kochwasser abschütten, die Kartoffeln gut abdampfen lassen und durch eine Kartoffelpresse drücken.

2. Mit Mehl, Eiern und 1 Teelöffel Salz rasch zu einem festen Teig verarbeiten.

3. Auf einem leicht bemehlten Backbrett fingerlange Nudeln formen. Reichlich Fett in einer Friteuse auf 180° C erhitzen und die Nudeln darin portionsweise goldbraun ausbacken.

4. Mit Sauerkraut oder Bayerischem Weißkraut (siehe auf Seite 101) servieren.

Besonders locker werden die Kartoffelnudeln, wenn man die Hälfte der angegebenen Kartoffelmenge durch abgetropften Speisequark oder Topfen ersetzt.
Wer die Krautbeilage nicht so gerne mag, kann beide Nudelgerichte auch mit einer Schüssel grünem Salat servieren!

Kartoffelstrudel

Für 4 Personen

Für den Teig:
1 kg mehligkochende Kartoffeln
300–350 g Mehl
2 Eier, 1 TL Salz
Für die Füllung:
500 g Steinpilze
1 Zwiebel, 40 g Butter
½ Bund Petersilie
¼ l saure Sahne
6–8 EL zerlassene Butter oder Butterschmalz

1. Aus den angegebenen Zutaten einen Kartoffelteig zubereiten (s. Kartoffelnudeln Seite 103).

2. Für die Füllung die Pilze sorgfältig putzen, nur falls nötig waschen und in dünne Scheiben schneiden. Die Zwiebel schälen, würfeln und in der erhitzten Butter glasig dünsten. Die Pilze dazugeben und so lange dünsten, bis alle Flüssigkeit verdampft ist. Salzen, die gehackte Petersilie untermischen und abkühlen lassen. Den Backofen auf 180° C vorheizen.

3. Den Kartoffelteig in 8 Stücke teilen und diese auf einem bemehlten Backbrett zu runden, dünnen Fladen ausrollen. Mit saurer Sahne bestreichen, mit den abgekühlten Steinpilzen belegen und aufrollen.

4. Einen Bräter mit der Hälfte des zerlassenen Fettes ausstreichen und die Strudel dicht aneinander hineinschichten. Dabei jeden Strudel mit Fett bestreichen, damit sie nicht zusammenkleben. Im heißen Backofen unter weiterem Bestreichen mit Fett goldbraun backen und mit Salat servieren.

Kartoffeldotsch

Für 4 Personen

10 große, mehligkochende Spätkartoffeln
1–2 EL Mehl
1 Ei
⅛ l saure Sahne oder Schmant
1–2 TL Salz, frisch gemahlener Pfeffer
2 EL Butter oder Gänse- oder Schweineschmalz

1. Kartoffeln waschen, schälen und auf der feinen Seite eines Reibeisens reiben. Die Kartoffelraspeln auf ein Sieb geben und abtropfen lassen, jedoch nicht ausdrücken.

2. Die abgetropften Kartoffeln in eine Schüssel geben und die Kartoffelstärke, die sich im Abtropfwasser abgesetzt hat, wieder hinzufügen. Mehl, Ei und saure Sahne bzw. Schmant unterrühren und mit Salz und Pfeffer würzig abschmecken. Den Backofen auf 180° C vorheizen.

3. Butter oder Schmalz in einer feuerfesten Form erhitzen und die Kartoffelmasse auf einmal hineingeben. Die Oberfläche flachdrücken und auf die mittlere Schiene des heißen Backofens stellen. In ca. 30 Minuten goldbraun backen. Sofort mit grünem Salat servieren.

Der Dotsch darf nur auf der Unterseite etwas stärker gebacken sein. Falls die Oberfläche zu stark bräunt, besser mit Alufolie abdecken, da der Dotsch sonst zu trocken und zu hart wird und viel von seinem köstlichen Geschmack einbüßt.

Kartoffelbrei

Für 4 Personen

1 kg mehligkochende Kartoffeln
Salz
80 g Butter
300–400 ml heiße Sahne
evtl. frisch geriebene Muskatnuß
2 EL Semmelbrösel

1. Kartoffeln schälen, waschen und vierteln. In wenig kochendem Salzwasser weich kochen. Dann das Kochwasser abgießen, die Kartoffeln abdampfen lassen und sofort durch eine Kartoffelpresse in den noch heißen Topf drücken.

2. 30 g Butter und so viel Sahne unter Rühren dazugießen, bis ein geschmeidiger Brei entsteht. Mit Salz und je nach Geschmack mit Muskat würzen. Der fertige Kartoffelbrei darf nicht mehr kochen.

3. Die restliche Butter in einer Pfanne aufschäumen lassen und die Semmelbrösel darin unter Rühren goldbraun rösten. Den Kartoffelbrei in eine Schüssel füllen und mit Bröselbutter übergießen.

Wer den Brei würziger mag, übergießt ihn mit goldbraun gerösteten Zwiebelwürfeln. So eigenartig es auch klingen mag, aber ich esse für mein Leben gerne Kartoffelbrei mit Birnenkompott!

Kartoffelpudding

Für 4 Personen

Zutaten wie für den Kartoffelbrei
Außerdem:
150 g frisch geriebener Emmentaler
Butter und Brösel für die Puddingform
1 großes Bund Brunnenkresse

1. Kartoffelbrei wie im nebenstehenden Rezept beschrieben zubereiten, allerdings mit etwas weniger Sahne.

2. Den geriebenen Käse unterrühren und in eine gefettete und gebröselte Kochpuddingform füllen.

3. Im leicht siedenden Wasserbad ca. 45 Minuten garen. Herausnehmen, stürzen und mit frisch abgezupfter Brunnenkresse umkränzen.

Rohe Kartoffelknödel (Klöße)

Für 4 Personen

1 ½ kg rohe Kartoffeln
2 altbackene Brötchen, 40 g Butterschmalz
500 g gekochte Kartoffeln, ⅜ l kochende Milch, 1 EL Salz
Salzwasser

1. Die rohen Kartoffeln schälen, waschen und auf der feinen Seite eines Reibeisens in kaltes Wasser reiben.

2. Die Kartoffelraspeln in ein Leinensäckchen füllen und mit den Händen gut auspressen.

3. Die Brötchen in kleine Würfel schneiden. Das Butterschmalz in einer Pfanne erhitzen und die Brotwürfel darin goldgelb rösten. Etwas abkühlen lassen.

4. Die gekochten Kartoffeln schälen, fein reiben oder durch die Kartoffelpresse drücken.

5. Die Kartoffelstärke, die sich im Abtropfwasser abgesetzt hat, wieder zu den Kartoffeln geben und gleichmäßig unterkneten. Dann mit der kochenden Milch überbrühen, salzen und mit den gekochten Kartoffeln rasch zu einem glatten und geschmeidigen Teig verkneten.

6. Mit nassen Händen tennisballgroße Knödel (Klöße) formen. Die gerösteten Brotwürfel in die Mitte geben, mit etwas Teig umhüllen und noch einmal nachformen. Im kochenden Salzwasser bei geschlossenem Deckel und sanfter Hitze etwa 30 Minuten köcheln lassen.

7. Die Knödel mit einem Schaumlöffel herausnehmen, gut abtropfen lassen und sofort servieren.

Gekochte Kartoffelknödel (Baumwollne Klöße)

Für 4 Personen

1 kg gekochte, mehligkochende Spätkartoffeln
250 g Kartoffelmehl
1/4–1/2 l kochendes Wasser
1–2 TL Salz
1 altbackenes Brötchen
20 g Butterschmalz

1. Die gekochten Kartoffeln noch heiß schälen und durch die Kartoffelpresse drücken. Ein wenig abkühlen lassen, dann das Kartoffelmehl darüber streuen, salzen und mit heißem Wasser überbrühen. Rasch verrühren und zu einem glatten und geschmeidigen Teig verkneten.

2. Die Brötchen in kleine Würfel schneiden und in heißem Butterschmalz goldgelb rösten.

3. Mit leicht bemehlten Händen tennisballgroße Knödel formen. In die Mitte eine Vertiefung eindrücken und die gerösteten Semmelwürfel einlegen. Mit Knödelmasse umhüllen und noch einmal nachformen.

4. Die Knödel in kochendes Salzwasser legen, einmal aufkochen lassen und 20 Minuten bei schwacher Hitze ziehen lassen.

Diese Art von Knödeln schmeckt besonders gut zu Sauerbraten. Die Kartoffelmasse muß ziemlich fest sein, sonst kochen sie zu sehr ab. Die eingelegten röschen Brotwürfel müssen beim Formen der Knödel „kullern".

Kartoffelpuffer (Reiberdatschi)

Für 4 Personen

1 kg festkochende Kartoffeln
2 Eier
2–4 EL Mehl
1/4 l saure Sahne
Salz
Keimöl zum Ausbraten

1. Kartoffeln schälen, waschen und auf der feinen Seite eines Reibeisens reiben. Auf einem Sieb abtropfen lassen, das aufgefangene Kartoffelwasser abgießen und die Kartoffelstärke, die sich abgesetzt hat, wieder unter die Kartoffelraspeln mischen.

2. Eier, Mehl, saure Sahne und Salz dazugeben und zu einem glatten Teig verrühren.

3. Reichlich Öl in einer Pfanne erhitzen und mit einem Eßlöffel portionsweise kleine Häufchen von der Kartoffelmasse in das heiße Öl setzen. Mit dem Löffelrücken flachdrücken und eine Seite goldbraun braten, dann mit einer Backschaufel wenden und auch die zweite Seite knusprig braten. So fortfahren, bis die Kartoffelmasse aufgebraucht ist. Am besten frisch aus der Pfanne genießen.

Was man zu Reiberdatschi ißt, das ist nicht nur regional sehr unterschiedlich, auch innerhalb einer Familie sind die Ansichten über die passenden Zugaben sehr unterschiedlich. Das reicht vom Apfelmus über Preiselbeeren bis hin zu Sauerkraut oder Hackfleischsauce.

Semmelknödel

Für 4 Personen

10 altbackene Semmeln (Brötchen)
$\frac{1}{2}$ l heiße Milch
1 EL gehackte Petersilie
2 EL Zwiebelwürfel
2–3 Eier
Salz

1. Die Brötchen halbieren und in dünne Scheiben schneiden. Mit Milch übergießen und etwa 15 Minuten einweichen lassen.

2. Petersilie, Zwiebelwürfel und die Eier hinzufügen, salzen und rasch zu einem glatten Teig verarbeiten. Falls der Teig zu weich sein sollte, gibt man noch Semmelbrösel oder etwas Mehl dazu.

3. Reichlich Salzwasser in einem großen breiten Topf zum Kochen bringen.

4. Mit nassen Händen Knödel formen und in das kochende Salzwasser legen. Bei schwacher Hitze, bei halb aufgelegtem Deckel, etwa 15 bis 20 Minuten ziehen lassen. Mit einem Schaumlöffel herausheben, gut abtropfen lassen und sofort servieren.

Fügt man noch 80 bis 100 g kurz angedünstete durchwachsene Speckwürfel hinzu, werden daraus würzige Speckknödel, die in einer kräftigen Brühe serviert werden.

Semmelpudding

Für 4 Personen

10 altbackene Semmeln (Brötchen)
$\frac{3}{8}$ l heiße Milch
60 g Butter
4 Eier
1 EL gehackter Dill
2 EL Zwiebelwürfel
1 TL Salz
2–4 EL frisch geriebener Hartkäse
Butter und Brösel für die Form

1. Die Brötchen wie im nebenstehenden Rezept schneiden, mit heißer Milch überbrühen und etwas durchziehen lassen.

2. Die weiche Butter cremig rühren, nach und nach die Eier und die eingeweichten Brötchen dazugeben und gründlich verrühren. Dill und Zwiebelwürfel sowie Käse nach Geschmack untermischen und mit Salz abschmecken.

3. Die Masse in eine gefettete und gebröselte Kochpuddingform füllen und im leicht siedenden Wasserbad in etwa 1 bis 1¼ Stunden garen. Auf eine vorgewärmte Platte stürzen und entweder als Beilage oder als eigenständige Mahlzeit mit Salat servieren.

Die Käsemenge kann jederzeit erhöht werden, und wer möchte, mischt noch 80 g würfelig geschnittenen Schinken unter den Pudding.

Abgerührte Grießklöße

Für 4 Personen

½ l Milch
50 g Butter
14 EL Hartweizengrieß
3–4 altbackene Brötchen
4 Eier
Salz

1. Die Milch zum Kochen bringen und 20 g Butter darin schmelzen lassen. Unter Rühren den Grieß einlaufen lassen und so lange bei mittlerer Hitze ausquellen lassen, bis ein fester Grießbrei entsteht. Abkühlen lassen.

2. Die Brötchen in kleine Würfel schneiden und in der restlichen erhitzten Butter goldgelb und knusprig rösten.

3. Die Brötchenwürfel unter den abgekühlten Grießbrei rühren, nach und nach die Eier dazugeben. Zu einem formbaren Teig verarbeiten.

4. Reichlich Salzwasser in einem großen breiten Topf zum Kochen bringen.

5. Kleine Klöße formen, in kochendes Salzwasser einlegen, einmal aufkochen und 10 bis 15 Minuten bei schwacher Hitze ziehen lassen. Mit einem Schaumlöffel herausheben und gut abtropfen lassen.

Die Grießklöße passen vorzüglich als Beilage zu Wild und zu einer Pilzsauce. Nicht nur Kindern schmeckt aber auch die süße Variante: bestreut mit Zucker und Zimt und mit Kompott aus Dörrpflaumen.

Schuxen

Für 4 Personen

500 g Roggenmehl (nach Belieben auch halb Roggen/halb Weizenmehl), 1 TL Salz,
1 Würfel (42 g) Hefe
oder 1½ Päckchen Trockenhefe
1 Prise Zucker
⅛ l Milch
Butterschmalz zum Ausbacken

1. Mehl und Salz in eine Schüssel geben und in die Mitte eine Vertiefung drücken. Die Hefe mit etwas Zucker und Milch hineingeben und mit etwas Mehl zu einem Vorteig ansetzen. Mit Mehl überstäuben und 30 Minuten an einem warmen Ort gehen lassen.

2. Alles zu einem glatten, mittelfesten Hefeteig verarbeiten und zugedeckt erneut 1 Stunde gehen lassen.

3. Mit dem Teigschaber kleine Teigstücke abstechen und diese zu ovalen Fladen ausrollen. Zugedeckt noch einmal kurz gehen lassen.

4. Reichlich Butterschmalz in einer Friteuse auf 180° C erhitzen.

5. Die Schuxen portionsweise im heißen Fett goldbraun und knusprig ausbacken.

Schuxen sind die traditionelle Beilage zu der einfachen niederbayerischen Kartoffelsuppe (siehe Seite 45).
Sie schmecken aber auch zu allen Pilzgerichten oder mit Zimt und Zucker bestreut zu Zwetschgen- oder Apfelkompott.

*D*en süßen Verführungen kann ich schlecht widerstehen,
und ich suche auch nicht nach einer Entschuldigung.
Ich bekenne ganz einfach: Ohne Nachtisch ist eine Mahlzeit
für mich unvollkommen. Selbst das bescheidenste Essen endet
bei uns mit einem kleinen Nachtisch – und wenn es nur ein
Kompott ist. Dieser Kalorientupfer muß einfach sein.

Das Dessertangebot richtet sich bei mir sehr nach
der Jahreszeit. Im Mai gibt es für mich nichts
Köstlicheres als vollreife Erdbeeren, mal mit Sahne,
mal mit Eis. Im Frühsommer bereite ich dann viele
erfrischende Beerendesserts zu. Im Sommer mache ich gerne
Aprikosengrütze, aber nur wenn die Früchte
wirklich vollreif sind. Zur Erntezeit der Äpfel muß es
natürlich hin und wieder ein Apfelstrudel sein,
und im Winter beschließen wir unsere Mahlzeit oft mit
einem Kochpudding oder auch einmal mit einer kleinen
Portion Kaiserschmarrn. Wenn ich keine Zeit habe,
ein Dessert zuzubereiten, dann muß es zumindest
eine Tasse Mokka oder ein frisch gebrühter Darjeeling
mit einigen süßen Plätzchen sein, die ich nicht
nur zu Weihnachten backe und die mir deshalb
eigentlich niemals ausgehen.

Mutschelpudding mit Weinschaumsauce

Für 4 Personen

Für den Pudding:
6 Eier, 6 Eigelb
250 g Zucker
abgeriebene Schale von ½ unbehandelten Zitrone
100 g abgezogene, geriebene Mandeln
160 g Mutschelmehl
(besonders fein geriebene Semmelbrösel)
Für die Weinschaumsauce:
¼ l halbtrockener Weißwein
3–4 Eigelb
1 TL Speisestärke (z. B. Mondamin)
Zucker nach Geschmack
Saft von ½ Zitrone
3–4 Eiweiß

1. Eier, Eigelb und Zucker dickschaumig aufschlagen. Zitronenschale, Mandeln und Mutschelmehl unterrühren und in eine gefettete, mit Mutschelmehl ausgestreute Kochpuddingform füllen. Im leicht siedenden Wasserbad 1 Stunde garen.

2. Für die Weinschaumsauce Weißwein, Eigelb und Speisestärke in einer feuerfesten Form verrühren. Den Zitronensaft dazugießen und bei mittlerer Hitze unter ständigem Schlagen mit einem Schneebesen kurz aufkochen lassen.

3. Die Sauce von der Kochplatte nehmen, in eine Porzellanschüssel füllen und über eiskaltem Wasser kalt schlagen. Zum Schluß das steifgeschlagene Eiweiß unterheben und zu dem gestürzten Mutschelpudding servieren.

Soufflé Grand Marnier

Für 4 Personen

40 g Butter
3 EL Mehl
1 Prise Salz
1 Tasse Milch
5 Eigelb
8 cl Grand Marnier
1 Päckchen Vanillezucker
5 Eiweiß
20 g Zucker
Butter und Zucker für die Förmchen

1. Butter in einem Topf zerlassen und unter Rühren Mehl und Salz dazugeben. Kräftig rühren, damit das Mehl nicht klumpig wird.

2. Nach und nach unter weiterem Rühren die Milch dazugießen. Je fester die Masse ist, desto besser gelingt das Soufflé. Den Backofen auf 200° C vorheizen.

3. Den Topf von der Kochstelle nehmen. Nach und nach Eigelb, Grand Marnier und Vanillezucker hinzufügen. Eiweiß mit Zucker zu steifem Schnee schlagen und locker und gleichmäßig unterziehen.

4. Die Soufflémasse in vier ausgebutterte und ausgezuckerte Förmchen einfüllen und 10 Minuten bei 200° C backen. Dann die Hitze auf 170° C reduzieren und so lange backen, bis die Soufflés aufgegangen und goldgelb sind. Entweder in den Förmchen oder gestürzt mit Kompott oder frischen Waldbeeren zu Tisch bringen.

Mandelpudding mit Hagebuttensauce

Für 4 Personen

Für den Mandelpudding:
100 g geschälte Mandeln, 100 g Butter, 100 g Zucker
5 Eigelb, 40 g Semmelbrösel, 5 Eiweiß
Butter und Brösel für die Form
Für die Hagebuttensauce:
1½ l Weißwein, 50 g Zucker, 4 EL Hagebuttenmark
3 Eigelb, 3 EL Zucker

1. Die Mandeln in der Pfanne rösten und abgekühlt fein reiben.

2. Die weiche Butter mit 80 g Zucker cremig rühren. Nach und nach unter weiterem Rühren die Eigelb dazugeben und schaumig schlagen. Die geriebenen Mandeln und die Semmelbrösel unter die Masse rühren. Die Eiweiß mit dem restlichen Zucker zu steifem Schnee schlagen und unterheben.

3. Die Masse in eine gebutterte und gebröselte Puddingform füllen und im leicht siedenden Wasserbad 45 Minuten garen.

4. Für die Sauce Wein und Zucker kurz aufkochen lassen. Das Hagebuttenmark mit Eigelb und Zucker schaumig rühren. Nach und nach den Wein dazugießen und bei mittlerer Hitze kurz und kräftig aufschlagen. Von der Kochplatte nehmen und kurz ziehen lassen.

5. Den Pudding auf eine Platte stürzen und die Hagebuttensauce dazu reichen.

Die Hagebutte ist bei uns leider etwas in Vergessenheit geraten.
Ich erinnere mich, daß sowohl bei meiner Großmutter mütterlicherseits
als auch bei uns zu Hause Hagebuttenmark während des Winters
immer in der Speisekammer stand.

Rheinischer Bund

Für 4 Personen

5 Eigelb
I EL Speisestärke (z. B. Mondamin)
100 g Zucker
Saft und abgeriebene Schale
von I unbehandelten Zitrone
¼ I Weißwein
ca. 20 Mandelmakronen
5 Eiweiß
60 g Zucker
50 g geschälte, geriebene Mandeln

1. Eigelb, Speisestärke, Zucker, Zitronensaft und Zitronenschale sowie Weißwein in einen Topf geben und unter ständigem Rühren bei mittlerer Hitze so lange aufschlagen, bis die Masse dickschaumig wird. Sofort auf eine längliche tiefe Platte geben, die Oberfläche glattstreichen und erkalten lassen.

2. Die Masse dicht mit fertig gekauften oder selbstgemachten Mandelmakronen (siehe auf Seite 144) belegen. Den Backofen auf 220° C und Oberhitze vorheizen.

3. Die Eiweiß steif schlagen, dabei langsam den Zucker einrieseln lassen. So lange weiterschlagen, bis die Masse glänzend und schnittfest ist. Über den Makronen verteilen und mit den geriebenen Mandeln bestreuen.

4. Auf der oberen Schiene des heißen Backofens in wenigen Minuten goldgelb überbacken und sofort servieren.

Apfelcharlotte

Für 4 Personen

6–7 große, säuerliche Äpfel
¼ I Weißwein
50 g Zucker
I Zimtstange
50 g Sultaninen
I altbackenes Weißbrot (mindestens 2 Tage alt)
150 g zerlassene Butter
¼ I Sahne

1. Die Äpfel schälen, vierteln, entkernen und in dünne Spalten schneiden.

2. Weißwein mit Zucker, Zimtstange und den gewaschenen Sultaninen zum Kochen bringen und die Apfelspalten darin bißfest garen. Die Apfelspalten sollen ganz bleiben. Abkühlen lassen. Den Backofen auf 180° C vorheizen.

3. Das Weißbrot entrinden und in ½ cm dicke Scheiben schneiden. In die zerlassene Butter tauchen und mit den getränkten Scheiben den Boden einer feuerfesten Form dachziegelartig auslegen. Die Äpfel in die ausgelegte Form hineinfüllen und mit den restlichen in Butter getauchten Brotscheiben dachziegelartig bedecken. Im heißen Backofen 45 Minuten backen.

4. Abgekühlt mit steif geschlagener Sahne überziehen und etwa 2 Stunden in den Kühlschrank stellen.

Die Äpfel kann man je nach Jahreszeit durch Aprikosen, Birnen oder Zwetschgen ersetzen. Wichtig ist, daß das gedünstete Obst jeweils sehr kalt auf den Weißbrotscheiben verteilt wird.

Kaiserschmarrn

Für 4 Personen

350 g Mehl
3 Eigelb
⅜ l Milch
⅛ l saure Sahne
ausgekraztes Mark von 1 Vanilleschote
etwas Salz
3 Eiweiß
2–3 EL Zucker
4–6 EL zerlassene Butter (nach Belieben)
1 Handvoll Sultaninen oder geröstete Mandeln
(je nach Geschmack)

1. Mehl, Eigelb, Milch, saure Sahne, Vanillemark und Salz zu einem glatten Pfannkuchenteig verrühren. Eiweiß steif schlagen und
locker unterziehen.

2. Eine Pfanne mit zerlassener Butter ausstreichen, den Schmarrnteig zweifingerdick hineingeben und bei mittlerer Hitze goldgelb
backen.

3. Mit zwei Gabeln in Stücke zerreißen,
mit Zucker bestreuen und mit der restlichen
zerlassenen Butter beträufeln.

4. Unter Schwenken der Pfanne goldbraun
karamelisieren lassen und je nach Geschmack
mit gewaschenen Sultaninen oder gerösteten
Mandeln bestreuen. Sofort servieren.

*Sehr gut passen Preiselbeeren und Apfelmus
dazu.*

Karthäuserklöße

Für 4 Personen

8 altbackene Milchbrötchen
2 Eigelb
2 EL Zucker
¼ l Milch
2 Eiweiß
ca. 100 g Semmelbrösel
2–3 EL Zucker, ½ TL gemahlener Zimt
Keimöl oder Butterschmalz zum Ausbacken

1. Die Rinde der Brötchen mit einem Reib-
eisen abreiben, dann die Brötchen halbieren.

2. Eigelb, Zucker und Milch miteinander verquirlen und die Brötchen darin gut durchziehen lassen. Die Milch soll völlig aufgesogen
sein.

3. Eiweiß mit 1 Eßlöffel Wasser verquirlen,
die Brötchen erst darin, dann in den Semmelbröseln wenden. Die Panade gut festdrücken.

4. Reichlich Fett in einer Pfanne erhitzen
und die Karthäuserklöße darin auf beiden Seiten goldbraun backen. Zucker und Zimt
vermischen und die Brote darin wenden.
Mit Kompott servieren.

*Ähnlich ist die Zubereitung der „Versoffenen
Jungfern". Die entrindeten Brotscheiben wer-
den lediglich in erhitztem, mit Zimt und
Zucker abgeschmecktem Rotwein getränkt.
Anschließend paniert und ausgebacken.*

Weincreme

Für 4 Personen

2–3 EL Sultaninen
5 EL Arrak
6 Eier
½ l halbtrockener Weißwein
1 Msp gemahlener Zimt
6 Blatt weiße Gelatine
¼ l Sahne
ca. 200 g Löffelbiskuit
kleine Mandelmakronen

1. Die gewaschenen Sultaninen mindestens 15 Minuten in Arrak einlegen.

2. Die Eier mit Weißwein und Zimt in einer Metallschüssel über einem leicht siedenden Wasserbad so lange aufschlagen, bis die Masse anfängt, dickschaumig zu werden.

3. Die eingeweichte, gut ausgedrückte Gelatine vorsichtig unterrühren. Die Creme kalt stellen und kurz bevor sie zu gelieren beginnt, die Hälfte der steifgeschlagenen Sahne unterziehen.

4. Den Rand einer Glasschüssel mit Löffelbiskuits auslegen, die Hälfte der Creme hineinfüllen, die Makronen darauf geben, die Sultaninen darüber verteilen und mit der zweiten Hälfte der Creme bedecken. Mindestens 2 Stunden im Kühlschrank erstarren lassen.

5. Kurz vor dem Servieren mit der restlichen steifgeschlagenen Sahne garnieren.

Zitronencreme

Für 4 Personen

4 Eigelb
100 g Zucker
Saft von 2 Zitronen
⅜ l Apfelsaft
6 Blatt weiße Gelatine
4 Eiweiß
¼ l Sahne

1. Eigelb mit 20 g Zucker schaumig rühren. Nach und nach Zitronen- und Apfelsaft dazugießen und so lange mit einem Schneebesen kräftig aufschlagen, bis eine dickschaumige Creme entstanden ist.

2. Gelatine in kaltem Wasser einweichen und gut ausgedrückt in wenig heißem Wasser auflösen. Tröpfchenweise unter die Creme schlagen. Kühl stellen, bis die Creme zu gelieren beginnt.

3. Die Eiweiß mit dem restlichen Zucker sehr steif schlagen. Die Sahne in einer zweiten Schüssel ebenfalls steif schlagen. Beides unter die zu gelieren beginnende Creme ziehen und in Portionsgläser oder in eine Schüssel füllen. Im Kühlschrank erstarren lassen.

Ich bereite diese Fruchtcreme meist ohne Sahne zu und reiche sie lieber, mit Vanille gewürzt, getrennt zu der gut gekühlten Creme.

Bayerische Creme mit Pumpernickel

Für 4 Personen

125 g Pumpernickel
¼ l Milch
50 g Zucker
4 cl Kirschwasser
3 Eigelb
100 g Zucker
½ l Sahne
ausgekratztes Mark von 1 Vanilleschote
6 Blatt Gelatine
3 Eiweiß

1. Den Pumpernickel in eine Schüssel bröseln. Milch und Zucker aufkochen lassen und das Brot damit begießen. Mit Kirschwasser beträufeln und alles gründlich verrühren. Zugedeckt 4 Stunden marinieren.

2. Eigelb und Zucker in einem Topf gründlich verrühren. Die Hälfte der Sahne und das Vanillemark hinzufügen und bei mittlerer Hitze schaumig aufschlagen. Einmal aufkochen lassen, dann in eine Porzellanschüssel umfüllen.

3. Die eingeweichte, ausgedrückte Gelatine darin auflösen und noch einmal kräftig durchrühren. Kalt stellen.

4. Kurz bevor die Creme zu gelieren beginnt, noch einmal kurz aufschlagen und den steifgeschlagenen Eischnee und die restliche steifgeschlagene Sahne locker und gleichmäßig unterheben.

5. Die Creme mit den eingeweichten Pumpernickelbröseln verrühren und zugedeckt etwa 3 Stunden in den Kühlschrank stellen.

6. Will man die Creme stürzen, verlängert sich die Kühlzeit auf mindestens 6 Stunden.

Bayerische Creme läßt sich beliebig abwandeln. Die klassische „Rahmsulz", wie man sie in Bayern auch häufig bezeichnet, wird ohne Pumpernickelbrösel zubereitet und gestürzt mit frischen Beerenfrüchten oder einem der Jahreszeit entsprechenden Kompott serviert.

Mokka-Rumcreme

Für 4 Personen

5 Eigelb
125 g Puderzucker
2 Päckchen Vanillezucker
1 EL Kakao
⅛ l kalter, starker Mokka
6 EL Rum
6 Blatt weiße Gelatine
5 Eiweiß
¼ l süße Sahne

1. Eigelb und Puderzucker mit einem Schneebesen schaumig schlagen und nach und nach Vanillezucker, Kakao, Mokka sowie den Rum dazugeben. So lange weiterschlagen, bis die Creme dickschaumig ist.

2. Die Gelatine in kaltem Wasser einweichen, gut ausdrücken und in wenig heißem Wasser auflösen und vorsichtig unter die Creme rühren. So lange in den Kühlschrank stellen, bis sie zu gelieren beginnt.

3. Die Eiweiß zu steifem Schnee schlagen und die Sahne in einer zweiten Schüssel ebenfalls steif schlagen. Beides locker und gleichmäßig unter die Creme ziehen. In eine Glasschüssel oder in Portionsschalen füllen und im Kühlschrank in einigen Stunden fest werden lassen.

Hübsch sieht es aus, wenn man die Creme vor dem Servieren mit Sahnetupfen und Schokoladen-Mokkabohnen verziert.

Preiselbeercreme

Für 4 Personen

2 Eigelb
2–3 EL kalte Milch
1 TL Speisestärke (z. B. Mondamin)
¼ l süße Sahne
2 Eiweiß
125 g Zucker
6 EL eingelegte Preiselbeeren

1. Eigelb, Milch und Speisestärke in einen Topf geben und glattrühren. Die Sahne dazugießen und unter Rühren bei mittlerer Hitze einmal aufkochen lassen.

2. Die Creme in eine Porzellanschüssel gießen und über Eiswasser kalt schlagen. Anschließend im Kühlschrank fest werden lassen.

3. Kurz vor dem Servieren die Eiweiß steif schlagen, dabei den Zucker einrieseln lassen und so lange weiterschlagen, bis der Eischnee schnittfest und glänzend ist.

4. Erst die Preiselbeeren unter die Baisermasse ziehen, dann löffelweise die Sahnecreme unterrühren. In Portionsschalen füllen und noch einmal kalt stellen.

Die Preiselbeeren kann man auch durch selbstgemachte Himbeer- oder Johannisbeerkonfitüre ersetzen.

Creme à la Nesselrode

Für 4 Personen

250 g Eßkastanien, ½ Vanilleschote, ¼ l Milch
¼ l Sahne, 6 Eigelb, 250 g Zucker
6 Blatt Gelatine, 1 Likörglas Maraschino
100 g Sultaninen, 50 g Korinthen, 50 g Zitronatwürfel
½ l Sahne, etwas Mandelöl

1. Die Eßkastanien an der Oberfläche kreuz-förmig einritzen und im heißen Backofen so lange rösten, bis die Schalen aufspringen. Schälen und das Fruchtfleisch mit der auf-geschlitzten Vanilleschote und der Milch in einen Topf geben. Bei mittlerer Hitze weich kochen. Die Schote herausfischen, das Mark herausschaben und mit den Kastanien und der restlichen Milch im Mixer fein pürieren. Durch ein Sieb streichen und abkühlen lassen.

2. ¼ Liter Sahne, Eigelb und Zucker in einem Topf verquirlen und bei mittlerer Hitze dickschaumig schlagen. Die eingeweichte, ausgedrückte Gelatine unter Rühren darin auflösen. Von der Kochplatte nehmen und über Eiswasser kalt schlagen.

3. Nach und nach das abgekühlte Eßkastanien-mus unter die Creme schlagen und so lange rühren, bis sie völlig erkaltet ist.

4. Maraschino, gewaschene Sultaninen und Korinthen sowie das Zitronat untermischen. Zum Schluß die steifgeschlagene Sahne locker und gleichmäßig unterziehen.

5. Die Creme in eine mit Mandelöl ausgestri-chene Glasschüssel füllen und einige Stunden im Kühlschrank fest werden lassen.

Zimtparfait

Für 4 Personen

2 Eigelb
100 g Zucker
¼ l Sahne
1 TL gemahlener Zimt

1. Eigelb und Zucker schaumig schlagen. In einer zweiten Schüssel die Sahne steif schlagen. Beides locker miteinander vermischen und mit Zimt abschmecken. In eine Kastenform füllen, die Oberfläche glattstreichen und mit Alufolie bedeckt im Tiefkühlgerät einige Stunden gefrieren lassen.

2. 30 Minuten vor dem Anrichten herausnehmen und bei Zimmertemperatur stehen lassen. Dann das Parfait stürzen und in Scheiben schneiden. Sehr gut paßt heißes Zwetschgenmus dazu.

Für das Zwetschgenmus 500 g Dörrpflaumen waschen, in eine Schüssel geben und mit etwa 1 Liter Rotwein übergießen. Der Wein muß die Früchte völlig bedecken! Zwei Tage bei Zimmertemperatur marinieren, dabei bei Bedarf noch etwas Rotwein nachgießen. Die Rotweinpflaumen bis kurz vor dem Siedepunkt erhitzen, im Mixer fein pürieren und kurz durchkochen lassen. Heiß zum Parfait reichen.

Erdbeer-Eistorte

Für 4 Personen

750 g Erdbeeren
1 Päckchen Krokant
4 Baiserschalen
1 l Sahne
Zucker nach Geschmack
2 Päckchen Vanillezucker
etwas Zitronensaft
⅛ l Sahne

1. 500 g Erdbeeren entkelchen, falls nötig kurz waschen und im Mixer fein pürieren. Mit Krokant und den zerkrümelten Baiserschalen vermischen.

2. Die Sahne steif schlagen und mit Zucker und Vanillezucker abschmecken. Das Erdbeermark vorsichtig unter die Sahne mischen und mit etwas Zitronensaft abschmecken.

3. Die Masse in eine mit Folie ausgelegte runde Tortenform füllen und im Tiefkühlgerät einige Stunden gefrieren lassen.

4. Etwa 30 Minuten vor dem Servieren herausnehmen, in Stücke schneiden und mit den restlichen Erdbeeren und der steifgeschlagenen Sahne verzieren.

Im Mai und Juni gibt es für mich keinen schöneren Nachtisch als frische Erdberen mit Sahne!

Zwetschgenknödel

Für 4 Personen

500 g Mehl
2 Eigelb
20 g Butter
Salz
ca. ¼ l Milch
1 kg Zwetschgen
Würfelzucker
60 g Butter
2–3 EL Zucker
½ TL Zimt

1. Mehl, Eigelb, Butter und 1 Prise Salz miteinander vermischen und so viel Milch hinzufügen, bis ein leichter, geschmeidiger Teig entsteht.

2. Gründlich mit einem Kochlöffel durchschlagen und mit einem Eßlöffel kleine Stücke abstechen.

3. Die gewaschenen Zwetschgen entkernen und die Kerne durch Würfelzucker ersetzen. Jede Zwetschge mit Teig umhüllen und zu einem Knödel formen.

4. In einem großen Topf reichlich Salzwasser zum Kochen bringen und die Zwetschgenknödel darin 10 bis 15 Minuten bei schwacher Hitze ziehen lassen.

5. Die Butter in einer Pfanne aufschäumen lassen. Die Knödel mit einem Schaumlöffel herausheben und mit der heißen Butter übergießen. Zucker und Zimt vermischen und die Knödel damit bestreuen.

Apfelknödel

Für 4 Personen

¼ l Milch
70 g Butter
140 g Mehl
1 Prise Salz
2 Eier, 3 Eigelb
3 aromatische Äpfel
1 l Apfelsaft
½ l Wasser
2–3 EL Zucker
½ TL gemahlener Zimt

1. Aus Milch, Butter, Mehl, Salz, Eiern und Eigelb einen Brandteig zubereiten (siehe Rezept auf Seite 38).

2. Die Äpfel waschen, schälen, vierteln, entkernen und quer in dünne Scheiben schneiden. Unter den Brandteig rühren.

3. Apfelsaft und Wasser in einem großen, halbhohen Topf zum Kochen bringen.

4. Mit einem Eßlöffel Klößchen abstechen und in der leicht siedenden Flüssigkeit 5 bis 7 Minuten ziehen lassen.

5. Mit einem Schaumlöffel herausnehmen und auf Teller verteilen. Zucker und Zimt vermischen und die Knödel damit bestreuen.

Sehr gut passen Rotweinzwetschgen dazu. Dafür bringe ich ⅛ Liter Rotwein mit 1 Zimtstange und Zucker nach Geschmack zum Kochen und lasse darin 500 g entsteinte Zwetschgen gar ziehen. Abgekühlt dazu reichen.

Apfelkücherl

Für 4 Personen

6 große, mürbe Äpfel (Boskop)
3 EL Zucker
3 EL Calvados oder Rum
300 g Mehl
3 Eigelb
¼ l Milch oder Apfelwein oder dunkles Bier
3 Eiweiß
Reichlich Keimöl zum Ausbacken
3–4 EL Zucker

1. Äpfel waschen, schälen, das Kerngehäuse ausstechen und in knapp 1 cm dicke Scheiben schneiden. Mit 2 Eßlöffel Zucker bestreuen und mit Calvados oder Rum begießen.

2. Mehl, Eigelb und die entsprechende Flüssigkeit zu einem dicken Pfannkuchenteig verrühren. Eiweiß steif schlagen, dabei den restlichen Zucker einrieseln lassen und so lange schlagen, bis der Eischnee schnittfest ist. Gleichmäßig unter den Teig ziehen.

3. Reichlich Öl in einer Friteuse auf 180° C erhitzen.

4. Die marinierten Äpfel im Teig wenden und portionsweise im heißen Öl auf beiden Seiten goldbraun ausbacken.

5. Herausnehmen und auf Küchenpapier abtropfen lassen. In Zucker wenden und heiß servieren.

Niemals zu viele Apfelkücherl auf einmal ausbacken, da sonst das Fett zu sehr abkühlt und der Teig sich damit vollsaugt.

Holunderkücherl

Für 4 Personen

15 Holunderblütendolden
Backteig (siehe nebenstehendes Rezept)
Reichlich Keimöl zum Ausbacken
Puderzucker zum Bestäuben

1. An den Holunderblütendolden etwas Stiel zum Anfassen dranlassen. Die Dolden vorsichtig in kaltem Wasser schwenken und auf einem Tuch gut abtropfen lassen.

2. Reichlich Öl in einer Friteuse auf 180° C erhitzen. Die Dolden in den Backteig tauchen und nacheinander im heißen Fett ausbacken.

3. Auf Küchenpapier abtropfen lassen und mit Puderzucker bestäubt sofort servieren.

Ich bevorzuge bei diesen Kücherln dunkles Bier für den Backteig, da es dem Gebäck eine interessante Geschmacksnote verleiht.

Russische Orangen

Für 4 Personen

6 Orangen, 120 g Zucker
4 Eigelb, ¼ l süße Sahne
7 EL Arrak oder Rum

1. Die Orangen mit einem scharfen Messer so dick schälen, daß die innere weiße Haut völlig entfernt ist.

2. Die Orangen quer in dünne Scheiben schneiden und auf einer tiefen Glasplatte hübsch anordnen. Mit 40 g Zucker bestreuen und mit 5 Eßlöffel Arrak oder Rum beträufeln. Kühl stellen und etwa 2 Stunden marinieren.

3. Eigelb und den restlichen Zucker schaumig rühren. Die Sahne steif schlagen und gleichmäßig unter die Eigelbmasse ziehen. Ebenfalls 2 Stunden kalt stellen.

4. Kurz vor dem Servieren die Creme mit dem restlichen Arrak oder Rum parfümieren und über den marinierten Orangenscheiben verteilen.

*Das erfrischende Orangendessert ist der ideale Abschluß eines etwas üppigeren Menüs.
Mit gehackten Pistazien bestreut sieht die Creme besonders ansprechend aus.*

Aprikosengrütze

Für 4 Personen

1 kg vollreife Aprikosen
Zucker nach Bedarf
½–¾ l Weißwein oder Aprikosensaft
6 Blatt Gelatine
¼ l Sahne

1. Aprikosen waschen, kurz in kochendes Wasser tauchen und häuten. Halbieren, entkernen und vierteln oder achteln. Mit etwas Zucker bestreuen und mindestens 1 Stunde ziehen lassen.

2. Mit Weißwein oder Aprikosensaft in einen Topf geben, einmal aufkochen und bei abgestellter Hitze gar ziehen lassen.

3. Die Gelatine in kaltem Wasser einweichen, ausdrücken und nach und nach unter das heiße Aprikosenkompott rühren. In eine Schüssel füllen und kalt stellen.

4. Mit leicht aufgeschlagener gezuckerter Sahne servieren.

Auf die gleiche Weise kann man aus vielen Früchten eine Grütze zubereiten. Wichtig ist immer nur, daß das verwendete Obst vollreif und aromatisch ist.

Frische marinierte Feigen

Für 4 Personen

10 frische Feigen
5 EL Cognac
⅛ l Muskateller Wein
¼ l Sahne
2 Päckchen Vanillezucker

1. Die Feigen vorsichtig waschen und von Blüte und Stiel befreien. Quer in Scheiben schneiden und auf einer runden, tiefen Platte hübsch anordnen. Mit Cognac begießen und zugedeckt über Nacht im Kühlschrank marinieren.

2. Den Muskateller Wein über die Feigen gießen und erneut im Kühlschrank einige Stunden durchziehen lassen.

3. Sahne und Vanillezucker halbsteif schlagen und die Hälfte davon kurz vor dem Servieren über den Feigen verteilen. Die restliche Sahne getrennt dazu reichen.

Ob Sie für dieses Dessert blaue oder grüne Feigen verwenden, bleibt dem persönlichen Geschmack überlassen. Die blauen Feigen sind etwas süßer.

ie Liebe zum Backen hat in meiner
Familie Tradition, und wenn Sie „Urgroßmutters
gerührten Bund" nachbacken, den köstlichsten Hefeteig,
den ich kenne, werden Sie es verstehen. Den verführerischen Duft
eines frisch gebackenen Hefekuchens liebe ich seit
meiner Kindheit. Er verbreitet für mich Gemütlichkeit
und wohltuende Vertrautheit, vielleicht mit ein Grund,
weshalb ich so gerne backe. Zudem verbinde ich mit vielen
der Backrezepte liebenswerte, familiäre Begebenheiten.

So romantisch Backen auch sein mag, damit der Kuchen
gelingt, muß man sich exakt, viel mehr als beim Kochen,
an Mengenangaben halten. Deshalb habe ich von
den bekanntesten Teigarten jeweils mein Grundrezept
aufgeschrieben: Den Biskuit bereite ich immer so zu,
wie es bei der Biskuitroulade (Seite 128) beschrieben ist.
Am Beispiel des Kastenkuchens (Seite 134) können Sie
ersehen, wie ich den Rührteig mache. Der Mürbeteig
ist beim Käsekuchen (Seite 136) erklärt, und beim Hefekuchen
gibt es zwei Möglichkeiten: Beim Nußkranz (Seite 138)
finden Sie die Zubereitung des strengen Hefeteiges,
und bei Urgroßmutters gerührtem Bund (Seite 139) lernen Sie
den gerührten Hefeteig kennen.

Die Vorweihnachtszeit wird bei uns mit dem Anschnitt
des Früchtebrotes eingeläutet, das unbedingt zwei
bis drei Wochen vorher zubereitet werden muß, rotgolden
als Adventskerze verpackt, ist es in unserer Familie
ein begehrtes Mitbringsel.

Biskuitroulade

6 Eigelb
125 g Zucker
6 Eiweiß
35 g Mehl
35 g Speisestärke (z.B. Mondamin)
abgeriebene Schale von 1 unbehandelten Zitrone
ca. 400 g Himbeer- oder Aprikosenkonfitüre
Puderzucker zum Bestäuben

1. Den Backofen auf 180° C vorheizen. Eigelb und Zucker so lange schlagen, bis die Masse hell und dickschaumig ist. Die Eiweiß in einer zweiten Schüssel steif schlagen.

2. Das gesiebte Mehl, die Speisestärke und die Zitronenschale unter die Eigelbmasse rühren und den Eischnee locker unterheben.

3. Die Biskuitmasse gleichmäßig auf ein mit Backpapier ausgelegtes Backblech streichen und im heißen Backofen in etwa 10 Minuten goldgelb backen.

4. Die Teigplatte auf ein feuchtes Tuch stürzen und das Backpapier abziehen. Sofort mit Hilfe einer Palette die Himbeer- oder Aprikosen-konfitüre aufstreichen und von der Längsseite her aufrollen. Kühl stellen und vor dem Ser-vieren mit Puderzucker bestäuben.

Falsche Spiegeleier

2 Biskuitplatten
2 Gläser eingekochte Aprikosen
¼ l Sahne

1. Nach nebenstehendem Grundrezept einen Biskuit zubereiten. Auf ein mit Backpapier ausgelegtes Backblech streichen und goldgelb backen.

2. Die Platte auf ein feuchtes Tuch stürzen und das Papier abziehen. Runde Plätzchen im Durchmesser von etwa 5 bis 6 cm ausstechen.

3. Die Biskuittaler mit Aprikosen belegen. Wenn sie nicht sofort verzehrt werden, bestreicht man die Früchte am besten mit Tortenguß, aufgelöster Gelatine oder heißer Aprikosenkonfitüre. Die Sahne steif schlagen und tupfenförmig um die Früchte spritzen.

Wenn man Kinder hat, muß man sich um die Verwendung der Biskuitreste, die beim Aus-stechen übrig bleiben, keine Gedanken machen. Ansonsten kann man die Abschnitte trocknen und zu Brösel zerreiben.
Beim Backen einer Biskuitplatte ist wichtig, daß sie keinesfalls zu lange bäckt, da der Teig sonst leicht zerbricht.

RICHTIGE SPIEGELEIER...

Rouladentorte

Für den Biskuit:
6 Eigelb, 125 g Zucker
6 Eiweiß, 35 g Mehl, 35 g Speisestärke (z.B. Mondamin)
1 Glas Orangenmarmelade
Für die Orangencreme:
3 Eigelb, 150 g Zucker, Saft von einer Zitrone, ⅜ l Orangensaft
6 Blatt weiße Gelatine, 6 Eiweiß
Außerdem:
1 Päckchen Tortenguß, ⅛ l Orangensaft

1. Den Backofen auf 180° C vorheizen. Aus den angegebenen Zutaten einen Biskuit zubereiten (siehe Biskuitroulade auf Seite 128).

2. Die gebackene Teigplatte auf ein feuchtes Tuch stürzen, das Papier abziehen und mit Orangenmarmelade bestreichen. Von der Längsseite her aufrollen.

3. Nach dem Erkalten in 3 cm dicke Scheiben schneiden und dicht aneinander so in eine mit Pergamentpapier ausgelegte Springform schichten, daß jeweils oben und unten eine Schnittfläche ist.

4. Für die Orangencreme die Eigelb mit Zucker schaumig rühren, Zitronen- und Orangensaft dazugeben und die eingeweichte, aufgelöste Gelatine vorsichtig unterziehen. Zuletzt die steifgeschlagenen Eiweiß unterheben und 1 Stunde kalt stellen.

5. Die Zwischenräume mit Orangencreme ausfüllen und über Nacht im Kühlschrank fest werden lassen.

6. Den Tortenguß mit ⅛ Liter Orangensaft anrühren, erhitzen und die Torte damit überziehen.

Diese Torte eignet sich an warmen Sommertagen sehr gut
als Nachspeise auf einem kalten Buffet.

Gelbe Rübentorte

400 g gelbe Rüben (Karotten)
8 Eigelb
300 g Zucker
400 g geriebene Mandeln (mit Schale)
3 EL Speisestärke (z. B. Mondamin)
3 EL Arrak
1 EL gemahlener Zimt
6 Eiweiß
Butter und Brösel für die Form
3–4 EL Aprikosenkonfitüre
2 EL Aprikosengeist
150 g Schokoladenkuvertüre

1. Die gelben Rüben schälen und fein reiben.
Den Backofen auf 175° C vorheizen.

2. Eigelb und Zucker sehr schaumig schlagen
und alle übrigen Zutaten nach und nach hinzufügen. Zum Schluß das steifgeschlagene
Eiweiß locker und gleichmäßig unterheben.

3. In eine gebutterte und gebröselte Springform von 26 cm Durchmesser füllen und auf
der mittleren Schiene in etwa 1 Stunde goldgelb backen.

4. Auf einem Kuchengitter abkühlen lassen.
Aprikosenkonfitüre mit Aprikosengeist verrühren, erhitzen und den Kuchen damit rundherum bestreichen. Die Kuvertüre im Wasserbad zerlassen und den glasierten Kuchen
damit überziehen.

*Es empfiehlt sich, die Torte zwei Tage vor dem
Servieren zu backen, damit sie gut durchziehen und ihr volles Aroma entwickeln kann.*

Wachauertorte

Für den Teig:
7 Eigelb
140 g Zucker
140 g geriebene Mandeln (mit Schale)
3 gestr. EL Kakao
7 Eiweiß
Butter und Brösel für die Form
Für die Creme:
125 g Butter, 125 g Puderzucker
2 EL Kakao, 1 kleines Ei, 2–3 EL Rum
ca. 450 g Preiselbeerkonfitüre (nicht zu süß)
3–4 EL Rum

1. Den Backofen auf 175° C vorheizen. Eigelb
und Zucker sehr schaumig schlagen. Mandeln
und Kakao dazugeben und zum Schluß
die steifgeschlagenen Eiweiß unterrühren.
In eine gebutterte und gebröselte Springform
füllen und im heißen Backofen gar backen.
Über Nacht abkühlen lassen.

2. Für die Creme Butter und Puderzucker
cremig rühren. Ei, Kakao und tröpfchenweise
den Rum unterrühren.

3. Die Torte waagerecht durchschneiden, mit
etwas Rum beträufeln und erst mit Preiselbeerkonfitüre, dann mit Schokoladencreme bestreichen. Mit der zweiten Teigplatte bedecken
und mit einer Gabel mehrmals einstechen. Mit
etwas Rum beträufeln und mit der restlichen
Creme bestreichen. Über Nacht kalt stellen.

*Diese Torte ist in unserer Familie heiß begehrt
und daher auch die traditionelle Geburtstags-
torte. Das Rezept stammt von der Tante
meines Mannes, die in Salzburg lebt.*

Biskuithaufen

250 g Butter
200 g Zucker
2 Eier
30 g löslicher Kaffee
300 g Löffelbiskuit
4–5 EL Rum
4–5 EL Preiselbeerkonfitüre
Mokka-Schokoladenbohnen zum Verzieren

1. Butter und Zucker schaumig rühren. Nach und nach die beiden Eier dazugeben und zum Schluß den in wenig heißem Wasser aufgelösten und abgekühlten löslichen Kaffee tröpfchenweise unterrühren.

2. Den Boden einer Springform von 24 cm Durchmesser dicht mit Löffelbiskuits auslegen. Mit etwas Rum beträufeln und erst mit ein wenig Preiselbeerkonfitüre, dann mit etwas Mokkacreme bestreichen und erneut mit Löffelbiskuits bedecken. So fortfahren, bis die Zutaten aufgebraucht sind. Den Abschluß bilden Löffelbiskuits. Den Kuchen über Nacht kühl stellen.

3. Am nächsten Tag den Springformrand lösen, den Kuchen auf eine Tortenplatte heben und mit der restlichen Mokkacreme bestreichen. Mit kleinen Mokka-Schokoladenbohnen garnieren und bis zum Servieren kalt stellen.

Man kann den Biskuithaufen auch anstelle der Mokka-Schokoladenbohnen mit Sahnetupfen verzieren.

Avivas Schokoladentorte

100 g Butter
150 g Zucker
6 Eigelb
200 g Zartbitterschokolade
6 Eiweiß
Butter und Brösel für die Form

1. Den Backofen auf 180° C vorheizen. Die weiche Butter mit Zucker und Eigelb schaumig rühren. Die Zartbitterschokolade im Wasserbad auflösen und langsam dazugeben. Zum Schluß die steifgeschlagenen Eiweiß gleichmäßig unterheben.

2. 3 bis 4 Eßlöffel von der Teigmasse abnehmen und kalt stellen.

3. Den Teig in eine gebutterte und gebröselte Form geben, die Oberfläche glattstreichen und auf der mittleren Schiene des heißen Backofens etwa 40 Minuten backen.

4. Auskühlen lassen, aus der Form nehmen und auf eine Tortenplatte legen. Mit der restlichen ungebackenen Teigmasse überziehen.

Selbst wenn Ihnen die Torte nach dem Backen etwas zusammensackt, tut dies dem hervorragenden Geschmack keinen Abbruch.

Gewürzkuchen

Erste Variante:
250 g Butter, 250 g Zucker
8 Eigelb, 125 g aufgelöste Schokolade
1 TL gemahlener Zimt, ¼ TL gemahlene Gewürznelken
je 60 g Zitronat- und Orangeatwürfel
250 g gemahlene Nüsse, 50 g Semmelbrösel
½ TL Backpulver, 6 Eiweiß

Zweite Variante:
125 g Butter, 300 g Zucker
4–5 Eigelb, 125 g aufgelöste Schokolade
1 TL gemahlener Zimt, ¼ TL gemahlene Gewürznelken, ½ TL geriebene Muskatnuß
200 ml Sahne, 330 g Mehl, 1 Päckchen Backpulver, 4–5 Eiweiß

1. Die Zubereitung beider Gewürzkuchen-varianten ist gleich! Den Backofen auf 175° C vorheizen.

2. Butter und Zucker schaumig rühren, nach und nach die Eigelb hinzufügen und zu einer lockeren Schaummasse aufschlagen.

3. Die übrigen Zutaten nacheinander unter-rühren und zum Schluß die steif geschlagenen Eiweiß gleichmäßig unterziehen.

4. In eine gefettete und gebröselte Spring-form von 26 cm Durchmesser füllen und im heißen Backofen auf der mittleren Schiene etwa 1 Stunde backen.

5. Den erkalteten Kuchen kann man entweder mit einem Arrakzuckerguß überziehen und mit kleinen Schokoladenblättern verzieren, oder man spritzt auf den Zuckerguß mit einer Papiertüte schwarze Kreise und durchzieht alles mit einem Streichholz. Auf diese Weise entsteht eine Marmorierung.

Sandkuchen

250 g Butter
250 g Zucker
6 Eier
375 g Speisestärke (z. B. Mondamin)
125 g Mehl
1 TL Backpulver
1 EL Rum oder Arrak
Butter und Brösel für die Form
150 g Puderzucker
15 g Kakao
1–2 EL heißes Wasser
½ EL zerlassenes Kokosfett

1. Den Backofen auf 175° C vorheizen. Butter und Zucker schaumig rühren und nach und nach die Eier dazugeben. Nach und nach Speisestärke mit Mehl und Backpulver vermischt sowie Rum oder Arrak zu der Schaummasse geben. Mit den Schneebesen eines Handrührgerätes oder in einer Küchenmaschine weitere 15 Minuten rühren.

2. Den Teig in zwei mittelgroße, gefettete und gebröselte Kastenformen füllen, die Oberfläche glattstreichen und im heißen Backofen auf der mittleren Schiene 45 Minuten backen.

3. Puderzucker mit Kakao und heißem Wasser verrühren und tröpfchenweise das zerlassene Kokosfett unterrühren. Den heißen Kuchen sofort damit überziehen.

Wickelt man den erkalteten Kuchen in Alufolie, hält er sich im Kühlschrank über zwei Wochen.

Kastenkuchen

140 g Butter
140 g Zucker
2 Eier
140 g Mehl
1 EL Rum oder Arrak
Butter und Brösel für die Form

1. Den Backofen auf 175° C vorheizen. Butter und Zucker schaumig rühren. Nach und nach die Eier dazugeben und zum Schluß Mehl und Rum oder Arrak unter die helle Schaummasse rühren.

2. Den Teig in eine kleine, gefettete und gebröselte Kastenform füllen, die Oberfläche glattstreichen und im heißen Backofen auf der mittleren Schiene in etwa 30 Minuten goldgelb backen.

Dieser Kuchen eignet sich sehr gut auch als Teig für einen Obstschlupfkuchen, z.B. mit Äpfeln oder Kirschen belegt.
Da pro Ei jeweils 70 g jeder angegebenen Zutat berechnet ist, kann die Teigmenge beliebig erweitert werden. Es ist der ideale Grundteig für Rührkuchen, den man sowohl in der Springform als auch in größeren Kastenformen backen kann.

Kastanienkuchen

500 g Eßkastanien, ½ l Milch
150 g Butter, 180 g Zucker
6 Eigelb
ausgekratztes Mark von ½ Vanilleschote
60 g geschälte, geriebene Mandeln
6 Eiweiß
Butter und Brösel für die Form
150 g Puderzucker
15 g Kakao, 1–2 EL heißes Wasser
½ EL zerlassenes Kokosfett

1. Eßkastanien kreuzweise einschneiden, im 220° C heißen Backofen rösten und anschließend schälen. In Milch weich kochen, abseihen und die Milch aufbewahren. Die Eßkastanien mit dem Pürierstab fein pürieren. Die Backofentemperatur auf 175° C reduzieren.

2. Butter und Zucker schaumig rühren und Eigelb und Vanillemark dazugeben. Das Kastanienpüree und die geriebenen Mandeln sowie eine Tasse Kastanienmilch unter die Schaummasse rühren. Zum Schluß die steifgeschlagenen Eiweiß gleichmäßig unterheben.

3. In eine gefettete und gebröselte Springform von 26 cm Durchmesser oder in zwei Kastenformen füllen und 1 Stunde backen.

4. Erkaltet mit Schokoladenguß (siehe Sandkuchenrezept auf Seite 134) überziehen.

Der Kuchen sollte mindestens drei Tage vor dem Anschneiden gebacken werden. Er wird von Tag zu Tag besser.

Früchtebrot

250 g Rosinen, 125 g Korinthen
5 EL Kirschwasser
4 Eier, 250 g Zucker
60 g grobgehackte Schokolade
60 g Zitronatwürfel
60 g Orangeatwürfel
125 g ganze Mandeln
1 TL gemahlener Zimt
½ TL gemahlene Gewürznelken
225 g Mehl
Butter und Brösel für die Form

1. Die gewaschenen Rosinen und Korinthen mit dem Kirschwasser begießen und mindestens 30 Minuten marinieren. Den Backofen auf 175 bis 180° C vorheizen.

2. Eier und Zucker sehr schaumig schlagen und nach und nach die vorbereiteten Zutaten einschließlich der Rosinen und Korinthen dazugeben. Zum Schluß das Mehl unterrühren.

3. Den Teig in eine gefettete und gebröselte Kastenform füllen und gut eine Stunde backen.

Um sein volles Aroma zu entwickeln, muß das Früchtebrot zwei bis drei Wochen vor dem Verzehr gebacken werden.
Da der Teig für eine Kastenform mit ca. zwei Litern Inhalt ausreicht, bereite ich die doppelte Menge zu und fülle damit drei mittlere Kastenformen, die gleichzeitig nebeneinandergestellt im Backofen gebacken werden können. Dies richtet sich allerdings nach der jeweiligen Backofengröße.

Käsekuchen

Für den Teig:
200 g Mehl, 100 g Zucker, 2 Msp Backpulver
100 g Butter, 2 Eier
Für den Belag:
125 g Butter, 7 EL Zucker, 1 Päckchen Vanillezucker
4 Eigelb, 500 g Magerquark, 250 g Sahnequark
1 Päckchen Vanillepuddingpulver, ¼ l Sahne
Butter und Brösel für die Form
Für die Baisermasse:
4 Eiweiß, 8 gestr. EL Zucker

1. Die angegebenen Zutaten mit möglichst kalten Händen rasch zu einem glatten Teig verarbeiten. Mit Folie umhüllt im Kühlschrank mindestens 30 Minuten ruhen lassen.

2. Für den Belag Butter, Zucker und Vanillezucker schaumig rühren. Mager- und Sahnequark sowie das Puddingpulver unterrühren und zum Schluß die steifgeschlagene Sahne unterheben.

3. Boden und Rand einer gefetteten und gebröselten Springform von 26 cm Durchmesser mit dem Mürbeteig auslegen und die Quarkmasse einfüllen. In den kalten Backofen stellen und bei 175° C so lange backen, bis der Rand goldgelb ist.

4. Für die Baisermasse die Eiweiß steif schlagen, dabei den Zucker einrieseln lassen und so lange schlagen, bis die Masse schnittfest und glänzend ist. Auf dem Kuchen verteilen und in weiteren etwa 15 Minuten goldgelb backen.

*Den Kuchen am besten einen Tag zugedeckt
in der Springform abkühlen lassen.*

Gerührter Mürbeteig für Obstkuchen

Für den Teig:
280 g Butter
135 g Zucker
4 Eigelb
280 g Mehl
Saft von ½ Zitrone
2 Msp gemahlener Zimt
Butter und Brösel für die Formen
ca. 1 kg rote Johannisbeeren (oder ein anderes frisches Obst der Jahreszeit)

Für die Baisermasse:
4 Eiweiß
100 g Zucker
125 g geschälte, geriebene Mandeln

Ich nehme für das Backen dieser Böden am liebsten leichte Aluformen (Pizzaboden-formen), die man im 6er-Pack kaufen kann, und friere die Böden mit der Form ein. So habe ich immer einen fertigen Kuchenboden, den ich dann mit Früchten der Jahreszeit ent-sprechend belege. Die Formen lassen sich bei vorsichtigem Gebrauch mehrmals verwenden. Im Frühsommer sind natürlich frische Johan-nisbeeren ein köstlich erfrischender Belag, im Winter lege ich oft auch eingemachtes Obst wie etwa Pfirsiche oder Aprikosen auf die Böden und überbacke sie ebenfalls mit einer Baisermasse. Wenn es besonders schnell gehen soll, kann man den Fruchtkuchen auch mit geschlagener Sahne hübsch garnieren.

1. Den Backofen auf 175° C vorheizen. Butter mit Zucker schaumig schlagen und nach und nach Eigelb, Mehl, Zitronensaft und Zimt unter die Schaummasse rühren.

2. Zwei gefettete und gebröselte Springform-böden mit dem Teig bestreichen und gold-braun backen.

3. Für den Baiserguß die Eiweiß sehr steif schlagen und dabei den Zucker einrieseln lassen. So lange schlagen, bis die Masse schnittfest und glänzend ist. Zum Schluß die geriebenen Mandeln darüber streuen und alles miteinander vermischen.

4. Die Böden abkühlen lassen. Dann mit den entstielten Johannisbeeren oder anderen Früchten belegen. Gleichmäßig dick mit der Baisermasse bestreichen, kurz im heißen Backofen bei Oberhitze trocknen lassen.

Nußkranz

Für den strengen Hefeteig:
500 g Mehl, 30 g Hefe
¼ l lauwarme Milch, 100 g Zucker, 2 Eier, 1 Prise Salz
Für die Füllung:
¼ l Milch, 1–2 EL Honig, 40 g Butter, 200 g Zucker
300 g geriebene Nüsse oder Mandeln
100 g Semmelbrösel, 200 g Rosinen
3–4 EL zerlassene Butter, Puderzucker zum Bestäuben

1. Das Mehl in eine Schüssel sieben, in einer Vertiefung die zerbröselte Hefe mit einem Teelöffel Zucker und etwas lauwarmer Milch zu einem Dämpferl (Vorteig) verrühren. Etwas Mehl darüber streuen und an einem warmen Ort 30 Minuten gehen lassen.

2. Nun den Vorteig mit dem restlichen Zucker, den Eiern, Salz sowie der restlichen Milch zu einem festen Teig verarbeiten. Mit einem Kochlöffel so lange kräftig abschlagen, bis er Blasen wirft. Erneut 30 Minuten gehen lassen.

3. Für die Füllung Milch, Honig, Butter und Zucker zum Kochen bringen. Nüsse oder Mandeln und Semmelbröseln unterrühren.

4. Falls die Masse zu fest ist, noch etwas Wasser dazugeben. Es muß eine streichfähige, breiige Masse entstehen. Den Backofen auf 200° C vorheizen.

5. Den Hefeteig halbieren. Jede Hälfte ausrollen, mit der Nußmasse bestreichen und mit Rosinen bestreuen. Aufrollen und in eine gebutterte und gebröselte Kranzform legen. Im heißen Backofen goldgelb backen.

6. Den gebackenen Kuchen mit zerlassener Butter bestreichen und mit Puderzucker bestäuben.

Urgroßmutters gerührter Bund

250 g Schmalz
125 g Zucker, 8 Eier
abgeriebene Schale von 1 unbehandelten
Zitrone
¼ l saure Sahne
ca. ¼ l lauwarme Milch
500 g Mehl
1 Würfel (42 g) Hefe oder 1 Päckchen
Trockenhefe
Butter für die Form
3–4 EL Mandelblättchen oder gehackte Mandeln

1. Schmalz und Zucker schaumig rühren.
Abwechselnd einen Eßlöffel Mehl, 1 Ei sowie
1 Eßlöffel saure Sahne dazugeben und so lange
immer nach einer Seite rühren, bis die Zutaten verbraucht sind.

2. Die in etwas lauwarmer Milch aufgelöste
Hefe dazugeben und den Teig so lange schlagen, bis er Blasen wirft.

3. Eine gebutterte Kranzform mit Mandel-
blättern oder gehackten Mandeln ausstreuen.
Den Teig vorsichtig einfüllen und die Oberfläche glattstreichen.

4. In den kalten Backofen stellen und bei
50° C 30 Minuten gehen lassen. Er muß zwei-
fingerhoch aufgehen.

5. Anschließend bei 180 bis 190° C in etwa
1 Stunde goldbraun backen. Zugedeckt
in der Form erkalten lassen, dann auf eine
Tortenplatte stürzen.

Schraubenzieher

250 g Mehl
1 Prise Salz
125 g Butter
50 g Zucker
1 Ei
½ Würfel (21 g) Hefe
etwas lauwarme Milch
150 g Hagelzucker
Butter für das Blech

1. Das Mehl auf ein Backbrett sieben. Salz
und die in kleine Stücke geschnittene Butter,
Zucker, Ei und die in lauwarmer Milch gelöste
Hefe dazugeben und alles gut miteinander
verkneten. Zugedeckt an einem warmen Ort
aufgehen lassen.

2. Den Teig kurz durchkneten, er muß sich
gut ausrollen lassen. Falls er zu weich ist, noch
etwas Mehl einarbeiten. Ein Backbrett mit
Hagelzucker bestreuen und den Teig darauf
in ca. 10 cm lange, dünne Rollen formen.
Diese gegeneinander zu Schraubenziehern
aufdrehen.

3. Auf ein gefettetes Backblech legen und zugedeckt erneut gehen lassen. Den Backofen
auf 175° C vorheizen. Die Schraubenzieher im
heißen Backofen goldgelb backen.

*Zur Abwechslung kann statt des Hagelzuckers
Sesamsamen verwendet werden. Aufbewahrt
in einer Blechdose bleibt das Gebäck über
mehrere Tage frisch. Dieser Teig eignet sich
auch für jeden Obstkuchen (Blechkuchen).*

Apfel- und Quarkstrudel

Für den Strudelteig:
¼ l Milch, 70 g Butter, Zucker nach Geschmack
500 g Mehl, etwas Salz, 1 Ei
Für die Apfelfüllung:
ca. 1 kg mürbe Äpfel, ca. ¼ l Sauerrahm oder ca. 200 g zerlassene Butter
Zucker und gemahlener Zimt nach Geschmack
ca. ¼ l Milch, 125 g zerlassene Butter zum Bestreichen
Zutaten für die Quarkfülle:
750 g Magerquark, 2 Eier, 4 EL Zucker
1 Prise Salz, knapp ¼ l Sahne, 2 Handvoll gewaschene Sultaninen

1. Milch mit Butter und Zucker zum Kochen bringen und beiseite stellen.

2. Das Mehl auf ein Backbrett sieben, Salz hinzufügen und in die Mitte eine Mulde drücken. Das Ei und die abgekühlte Milch hineingeben und mit einer Gabel verquirlen. Mit den Händen so lange kneten, bis der Teig Blasen bekommt. Anschließend vierteln und zugedeckt an einem warmen Ort eine Stunde ruhen lassen.

3. Die Strudelteigportionen jeweils auf einem Tuch ausrollen und über den Handrücken vorsichtig hauchdünn ausziehen, bis die Teigblätter durchsichtig sind.

4. Die Äpfel schälen, vierteln, entkernen und feinblätterig schneiden. Die Strudelblätter mit saurer Sahne oder zerlassener Butter bestreichen, mit Äpfeln belegen und mit Zimt und Zucker bestreuen. Das Tuch von einer Seite anheben und auf diese Weise den Strudel zusammenrollen.

5. Die Strudel in eine mit Butter bestrichene rechteckige feuerfeste Form legen und unter Begießen mit Milch und Bestreichen mit zerlassener Butter in etwa 45 Minuten goldbraun backen.

6. Köstlich schmeckt der Strudel auch mit einer Quarkfüllung. Hierzu verrührt man die angegebenen Zutaten, bis auf die Sultaninen, zu einer glatten Creme und streicht diese auf die ausgezogenen, mit zerlassener Butter bepinselten Strudelblätter. Mit Sultaninen bestreuen, aufrollen und genauso backen wie den Apfelstrudel.

Für süße Strudel bevorzuge ich den hier beschriebenen Teig.
Für herzhaft gefüllte Strudel mache ich einen Teig aus: 250 g Mehl,
1 Ei, 2 TL Öl, etwas Salz, ⅛ l lauwarmem Wasser.
Die Zubereitungsweise ist die gleiche.

Schneeballen

2 Eier, 2 Eigelb
40 g Butter
1 Prise Salz
4 EL Sahne
1–4 EL Zucker (je nach Geschmack)
ca. 500 g Mehl
Keimöl zum Ausbacken
Puderzucker zum Bestäuben

1. Eier, Eigelb, Butter, Salz, Sahne und Zucker verrühren und das Mehl einarbeiten. Zu einem glatten Teig verkneten.

2. Etwas vom Teig abstechen und zu kleinen runden Fladen ausrollen. Zwischen Tüchern etwas antrocknen lassen.

3. Mit dem Teigrad oder mit einem Messer mehrmals so einschneiden, daß der Rand rundherum ganz bleibt. Das Öl in einer Friteuse auf 180° C erhitzen.

4. Mit einem Kochlöffelstiel im Stopfstich auffädeln und mit dem Löffelstiel in das heiße Ausbackfett halten. Dabei mit 2 Gabeln in Form bringen. Abtropfen lassen und mit Puderzucker bestäuben.

Das Rezept stammt von meiner Großmutter mütterlicherseits. Meine Mutter kann uns auch heute keine größere Freude bereiten, als uns mit frisch gebackenen Schneeballen zu überraschen. Die Schneeballen halten sich in einer Blechdose aufbewahrt bis zu drei Wochen. Jeweils erst vor dem Servieren zuckern. Gleichmäßig rund werden sie, wenn man sie mit einem Schneeball-Eisen in das Fett gibt.

Mandelmutzen

150 g Butter
125 g Zucker
3 Eier
2–3 Tropfen Bittermandelöl
2 EL Rum
500 g Mehl
2 TL Backpulver
Keimöl zum Ausbacken
Zucker zum Bestreuen

1. Butter und Zucker mit dem Schneebesen eines Handrührgerätes schaumig rühren, nach und nach die Eier, Bittermandelöl und den Rum unterrühren.

2. Mehl und Backpulver vermischen, über die Schaummasse sieben und rasch unterrühren.

3. Reichlich Öl in einer Friteuse auf 180° C erhitzen.

4. Mit dem Teelöffel kleine mandelförmige Mutzen abstechen und portionsweise im heißen Fett goldgelb ausbacken.

5. Mit einem Schaumlöffel herausheben und auf Küchenpapier abtropfen lassen. Abgekühlt mit Zucker bestreuen.

Das ist ein typisches Fastnachtgebäck aus dem Rheinland! Wer möchte, vermischt den Zucker mit frisch ausgekratztem Vanillemark oder mit gemahlenem Zimt.

Butterzeug nach Großmutter Merz

280 g Butterschmalz
280 g Zucker
4 Eigelb
625 g Mehl
abgeriebene Schale von 1 unbehandelten
Zitrone
2 EL Arrak
ca. 1 TL gemahlener Zimt
4–5 EL Zucker

1. Das zimmerwarme Butterschmalz schaumig rühren. Nach und nach alle übrigen Zutaten dazugeben und zu einem glatten Teig verkneten. Zugedeckt ruhen lassen.

2. Den Backofen auf 180° C vorheizen.

3. Den Teig auf einem bemehlten Backbrett dünn ausrollen und beliebige kleine Formen ausstechen. Auf mit Backpapier ausgelegte Backbleche legen und goldgelb backen.

4. Vorsichtig mit einer Palette vom Blech nehmen und sofort in Zimtzucker wenden. Abkühlen lassen und in einer gut schließenden Blechdose aufbewahren.

Das Butterzeug entwickelt sein volles Aroma erst nach einigen Tagen. Daher ist es empfehlenswert, es mindestens drei Wochen vor Weihnachten zu backen.

Vanilleschnitten

Für den Teig:
250 g Butter
2 EL saure Sahne
100 g Zucker
375 g Mehl
Für den Belag:
250 g Puderzucker
4 Eiweiß
250 g geschälte, geriebene Mandeln
1 Päckchen Vanillezucker

1. Butter, saure Sahne, Zucker und Mehl zu einem glatten Teig verkneten.

2. Den Teig auf einem bemehlten Backbrett zu einer knapp ½ cm dicken Platte ausrollen und diese in fingerlange Streifen schneiden. Über Nacht ruhen lassen.

3. Am nächsten Tag die Eiweiß zu steifem Schnee schlagen, dabei den Puderzucker dazugeben und so lange schlagen, bis die Masse schnittfest ist. Dann die Mandeln und den Vanillezucker unterrühren. Es muß eine dicke glänzende Makronenmasse entstehen.

4. Den Backofen auf 170° C vorheizen. Die vorbereiteten Teigschnitten vorsichtig mit der Makronenmasse bestreichen und im heißen Backofen hellgelb backen.

Am besten trägt man die Masse vorsichtig mit zwei Kaffeelöffeln auf, so daß noch etwas am Teigrand stehen bleibt.

Mandelkränzchen

250 g Butter
375 g Mehl
125 g Zucker
2 Msp gemahlene Gewürznelken
1 TL gemahlener Zimt
250 g geriebene Mandeln (mit Schale)
2 Eier
grober Zucker zum Bestreuen

1. Die angegebenen Zutaten zu einem glatten Teig verkneten und 1 Stunde im Kühlschrank ruhen lassen.

2. Den Backofen auf 170° C vorheizen. Den Teig auf einem bemehlten Backbrett dünn ausrollen. Erst runde Plätzchen, dann noch einmal mit einem kleinen runden Ausstecher Kreise ausstechen, so daß Ringe entstehen. Mit Wasser bestreichen und mit grobem Zucker bestreuen.

3. Auf ein mit Backpapier ausgelegtes Backblech legen und im heißen Backofen goldgelb backen.

Man kann auch auf das Bestreuen mit grobem Zucker verzichten und statt dessen das Gebäck nach dem Backen mit Zuckerguß glasieren und sofort mit bunten Streuseln, mit gehackten Mandeln oder Pistazien bestreuen.

Türkische Mundbissen

Die Zutaten und Mengenangaben für den Teig siehe nebenstehendes Mandelkränzchenrezept

Außerdem:
300–400 g Himbeerkonfitüre
Für die Zimtglasur:
4 EL Weißwein
30 g Puderzucker
4 Msp gemahlener Zimt

1. Den Teig wie bei Mandelkränzchen beschrieben zubereiten.

2. Den Teig auf einem bemehlten Backbrett dünn ausrollen und runde Plätzchen ausstechen. Aus der Hälfte der Plätzchen noch einmal mit einem runden Ausstecher kleine Kreise ausstechen, so daß Ringe entstehen. Zugedeckt über Nacht ruhen lassen.

3. Am nächsten Tag den Backofen auf 170° C vorheizen. Die Plätzchen und Ringe auf ein mit Backpapier ausgelegtes Backblech legen und im heißen Backofen hellgelb backen.

4. Etwas abgekühlt die Plätzchen mit Himbeerkonfitüre bestreichen und mit den Ringen bedecken.

5. Weißwein, Puderzucker und Zimt so lange verrühren, bis eine glänzende Glasur entsteht, und die Ringe damit bestreichen.

Mandelmakronen

4 Eiweiß
200 g Zucker
300 g geschälte, geriebene Mandeln
Oblaten (5 cm Durchmesser)

1. Die Eiweiß steif schlagen und dabei nach und nach den Zucker einrieseln lassen. So lange weiterschlagen, bis eine schnittfeste glänzende Masse entsteht. Die Mandeln vorsichtig unterrühren.

2. Den Backofen auf 150° C vorheizen.

3. Das Backblech mit Oblaten belegen und die Makronenmasse mit Hilfe von 2 Teelöffeln darauf häufen.

4. Im warmen Backofen mehr trocknen als backen, sie sollen keine Farbe annehmen.

Mischt man anstelle der Mandeln feingeriebene, möglichst geröstete Haselnüsse unter den Eischnee, werden daraus Nußmakronen. Auf die gleiche Weise bereite ich auch Kokosmakronen zu.
Man kann die Makronen auch auf ein Backpapier setzen und dann die Unterseite der getrockneten Plätzchen mit Kuvertüre bestreichen.

Elisenlebkuchen

2 Eier
200 g Zucker
1 Päckchen Vanillezucker
1 Msp gemahlene Gewürznelken
1 TL gemahlener Zimt
etwas Rum oder Arrak
75 g feingehacktes Zitronat
75 g feingehacktes Orangeat
125 g gemahlene Mandeln
75 g gemahlene Haselnüsse
ca. 40 Oblaten (6 cm Durchmesser)
Für die helle Glasur:
150 g Puderzucker
2 EL Rum oder Arrak
Für die dunkle Glasur:
100 g Puderzucker
15 g Kakao
1–2 EL heißes Wasser
½ EL zerlassenes Kokosfett

1. Eier und Zucker so lange schaumig rühren, bis die Masse dick und cremig ist. Nach und nach die übrigen Zutaten unterrühren. Den Backofen auf 150° C vorheizen.

2. Die Masse mit Hilfe eines Teelöffels auf die Oblaten verteilen und mit einem nassen Messer glattstreichen. Im warmen Backofen in etwas 25 bis 35 Minuten mehr trocknen als backen.

3. Für den hellen und dunklen Guß die angegebenen Zutaten so lange verrühren, bis eine glänzende Masse entsteht.

4. Die noch heißen Lebkuchen abwechselnd damit überziehen.

Christstollen nach Urgroßmutter Rosenhauer

2½ kg Mehl, 1 l Milch, 125 g Hefe
625 g Butter, 250 g Zucker, 3 Eier, etwas Salz
500 g Rosinen, Schale von 1 unbehandelten Zitrone, 125 g Zitronatwürfel
125 g Orangeatwürfel, 200 g geschälte Mandelstifte, 3–4 EL Arrak
ca. 250 g zerlassene Butter, Puderzucker zum Bestäuben

1. Das Mehl in eine Schüssel sieben, in einer Vertiefung die zerbröselte Hefe mit einem Teelöffel Zucker und etwas lauwarmer Milch zu einem Dämpferl (Vorteig) verrühren. Mit etwas Mehl bestäuben und an einem warmen Ort 30 Minuten gehen lassen.

2. Nun den Vorteig mit dem restlichen Zucker, den Eiern, Salz und der restlichen Milch zu einem festen Teig verarbeiten. Mit einem Kochlöffel so lange kräftig abschlagen, bis er Blasen wirft. Die übrigen Zutaten hinzufügen und gründlich unter den mittelfesten Hefeteig einarbeiten.

3. Zugedeckt an einem warmen Ort mindestens eine Stunde einmal aufgehen lassen. Den Backofen auf 175° C vorheizen.

4. Den Hefeteig noch einmal kurz durchkneten und in fünf Portionen teilen.

5. Jede Teigportion zu einem länglichen, ovalen Fladen auswalken und um die Hälfte einschlagen, oder in eine gut gefettete Stollenform geben. Erneut an einem warmen Ort gehen lassen.

6. Nacheinander im heißen Backofen, je nach Größe der Stollen, etwa 40 bis 45 Minuten backen.

7. Die Stollen herausnehmen und sofort mit zerlassener Butter bestreichen. Reichlich Puderzucker durch ein Sieb darüber stäuben. Die Stollen mit Alufolie umhüllen und kalt stellen.

8. Am nächsten Tag auspacken und erneut mit zerlassener Butter bestreichen und mit Puderzucker dick bestäuben. Diesen Vorgang noch einmal wiederholen. Dann die Stollen erneut mit Alufolie umhüllen und bis zum Anschneiden kühl aufbewahren.

Besonders locker werden die Stollen, wenn man die Butter etwas schaumig schlägt. Durch das mehrmalige Bestreichen mit der zerlassenen Butter und Bestäuben mit Puderzucker bekommt der Stollen seinen typischen weihnachtlichen Glanz. Außerdem schützt diese dicke Zuckerschicht vor dem Austrocknen.

Ein Haushalt ohne Vorratshaltung war früher
so gut wie undenkbar. Allerdings gab es da auch noch
große Kellerräume oder Speisekammern. Heute sind
die Möglichkeiten der Vorratshaltung häufig
auf Kühlschrankgröße zusammengeschrumpft.
Die Kellerräume sind meist viel zu warm und machen
eine längere Lagerung fast unmöglich.

Allerdings ist es in der heutigen Zeit auch nicht mehr
so notwendig, Vorräte anzulegen, bekommt man doch
fast alles das ganze Jahr hindurch frisch. Und die wenigsten
Menschen leben in der Einöde, weit weg vom nächsten
Supermarkt. Also notwendig ist es nicht, und dennoch steckt
in uns allen ein gewisser Sammel- und Eichhörnchentrieb.
Außerdem sind wir alle mehr oder weniger nostalgisch
veranlagt und kommen ins Schwärmen, wenn wir
an den selbsteingelegten Kürbis von Großmutter denken,
an die süß-sauren Birnen von Tante Julchen oder an den
unvergeßlichen Eierlikör, den wir als Kinder so gerne
mit den Fingern aus den fast leer getrunkenen Gläsern unserer
Eltern geschleckt haben. Ein Glas selbstgemachter Senf,
ein kleiner Rumtopf oder ein Glas eingelegter Knoblauch
sind immer willkommene Geschenke. Ich bin der Ansicht,
daß Selbsteingemachtes eine sehr persönliche Auf-
merksamkeit ist, die man nur netten Menschen schenkt.

Süßer Senf

¼ l Wasser
1 l Weinessig
500 g Zucker
2 Lorbeerblätter
6 Pfefferkörner
3 Gewürznelken
8 Wacholderbeeren
1 Zwiebel
250 g gelbes Senfmehl
125 g grünes Senfmehl

1. Wasser, Essig, Zucker und Gewürze erhitzen und mindestens 20 Minuten kochen lassen.

2. Gelbes und grünes Senfmehl in eine große, weite Schüssel geben. Den Sud durch ein Sieb gießen und gründlich mit dem Senfmehl verrühren. Es muß eine glatte Masse entstehen.

3. Den Senf in Gläser füllen, mit Deckeln gut verschließen und mindestens 3 bis 4 Wochen ruhen lassen.

Wer ungeduldig ist, wird bestraft, denn:
Zu jung verwendeter Senf schmeckt bitter.
Zu dick geratenen Senf verdünnt man
mit Zuckerwasser.

Tomatenketchup

6 kg sehr reife Tomaten
500 g rote Paprikaschoten
3 große Zwiebeln
½ l Weinessig
½ l Rotwein
3 EL Salz
3 EL frisch geriebener Meerrettich
1 Msp gemahlene Gewürznelken
1 Msp gemahlener Piment
300 g Zucker

1. Tomaten waschen und vierteln. Paprikaschoten halbieren, entkernen und in Stücke schneiden. Die geschälten Zwiebeln grob zerschneiden und alles portionsweise im Mixer pürieren. In einen Topf geben, zum Kochen bringen und 30 Minuten köcheln lassen. Dabei zwischendurch umrühren, damit das Gemüsepüree nicht anbrennt.

2. Alles durch ein Sieb in einen großen Topf passieren. Essig, Rotwein sowie die Aromaten unterrühren und 2 bis 4 Stunden bei schwacher Hitze offen köcheln lassen.

3. Sobald die Masse eingedickt ist, den Zucker unterrühren und noch einmal gut durchkochen lassen.

4. Das fertige Ketchup heiß in Flaschen füllen und gut verschließen.

Einlegen von Sauerkraut

10 kg Weißkraut
100 g Salz
einige Wacholderbeeren
Pfefferkörner und Lorbeerblätter

1. Das Weißkraut halbieren, den Strunk entfernen und mit einem Krauthobel fein hobeln.

2. Abwechselnd mit den übrigen Zutaten in ein spezielles Krautfaß einlegen und dabei immer gut stampfen. Jede Krautlage muß Wasser ziehen. Auf diese Weise das Krautfaß bis oben hin füllen.

3. Das Kraut unterhalb der Wasserrinne mit einem Leinentuch abdecken, den Holzdeckel aufsetzen und mit einem Stein beschweren. Der Krautsaft muß über dem Holzdeckel stehen. Wenn das nicht der Fall ist, war das Kraut zu trocken und man muß ein wenig schwach gesalzenes Wasser nachgießen.

4. Je fester und stärker das Kraut beschwert ist und je weniger Luftzufuhr möglich ist, desto wohlschmeckender wird das fertige Sauerkraut.

5. Von Zeit zu Zeit den Deckel mit kaltem Wasser abwaschen und das Leinentuch ausspülen, um das Kraut sauber und frisch zu halten. Nach etwa 6 Wochen ist das Sauerkraut verzehrfertig.

Seit Jahren legen unser Sohn und unsere Schwiegertochter Kraut ein. Es ist das beste Sauerkraut, das ich kenne. Vielleicht liegt es an den Stampfkünsten unserer Enkelkinder Maximilian und Constanze.

Eingelegter Knoblauch

¼ l Weißwein
¼ l Essig
75 g Zucker
2 TL Salz
2 Chilischoten
1 Rosmarinzweig
1 Thymianzweig
8 Gewürznelken
1 TL Pfefferkörner
4 Lorbeerblätter
10 ganze frische Knoblauchknollen
4–6 EL Olivenöl

1. Wein, Essig, Zucker, Salz mit den Aromaten in einen Topf geben, zum Kochen bringen und einige Zeit köcheln lassen.

2. Die Knoblauchzehen schälen und in dem Sud 3 Minuten kochen, dann von der Kochplatte nehmen und darin erkalten lassen.

3. Die Knoblauchzehen herausnehmen, in Gläser füllen. Den Sud noch einmal aufkochen lassen und über die Knoblauchzehen gießen. Abkühlen lassen und vor dem Verschließen jeweils mit etwas Olivenöl begießen.

Eingelegte Walnüsse

50 Walnüsse
840 g Zucker
1 kleingeschnittene Zimtstange
Gewürznelken
Läuterzucker

1. Gegen Ende Juni schöne große Walnüsse vom Baum pflücken. Die weiche Schale mit einer starken Nadel 4 bis 8 Mal durchstechen und 9 Tage wässern, dabei täglich das Wasser erneuern.

2. Frisches Wasser zum Kochen bringen, die Nüsse hineingeben und 2 bis 3 Mal aufkochen lassen. Mit einem Schaumlöffel herausnehmen und auf einem Sieb abtropfen lassen.

3. Nun die Nüsse mit Zimt und Nelken spicken, in Gläser legen und mit Läuterzucker übergießen. Mit einem Teller beschweren, damit die Nüsse mit der Zuckerlösung völlig bedeckt sind. An einem kühlen Ort einige Tage ruhen lassen.

4. Die Zuckerlösung abgießen. Etwas Zucker dazugeben, aufkochen und abkühlen lassen. Kalt über die Nüsse gießen und einige Tage ruhen lassen.

5. Zum Schluß die Nüsse in der Zuckerlösung kochen, bis sie weich sind, in Gläser füllen und gut verschließen.

Für den Läuterzucker Zucker und Wasser im Verhältnis 1:1 so lange kochen lassen, bis die sirupartige Flüssigkeit Fäden zieht.

Birnen süß-sauer

3½ kg Birnen
1½ l Weinessig
1 kg Zucker
abgeriebene Schale von 1 unbehandelten Zitrone
1 Zimtstange
10 Nelken

1. Die Birnen waschen, schälen und sofort in Essigwasser legen, damit sie nicht braun werden.

2. Essig, Zucker, Zitronenschale und die Gewürze in einen Topf geben, zum Kochen bringen und die vorbereiteten Früchte darin 2 Stunden bei schwacher Hitze köcheln lassen.

3. In vorbereitete Gläser füllen. Den Sud durch ein Sieb darüber gießen und sofort gut verschließen. Auf die Deckel gestellt abkühlen lassen.

Köstlich sind auch eingelegte Essigkirschen. Dazu entkerne ich 1 kg gewaschene Weichseln (Sauerkirschen), bestreue sie mit 250 g Zucker und stelle sie zwei Tage in den Kühlschrank. Dann gieße ich ½ Liter kalten, guten Essig darüber und stelle sie erneut zwei Tage kalt. Den gewonnenen Saft gieße ich ab, erhitze ihn und gebe ihn kochend über die Früchte. Wieder zwei Tage kühl stellen. Nun die Kirschen mit dem Saft erneut erhitzen und einmal aufkochen. Die Früchte herausnehmen und den Sud 15 Minuten bei schwacher Hitze köcheln lassen, dann heiß über die Weichseln gießen, in Gläser füllen und mit Deckeln gut verschließen.

Kürbis süß-sauer

1 nicht zu großer Kürbis
Weißweinessig
Zucker
5 Gewürznelken
1 Zimtstange
abgeriebene Schale von 1 unbehandelten
Zitrone

1. Den Kürbis vierteln, die äußere Schale entfernen und mit einem Löffel die Kerne herausschaben.

2. Das Kürbisfleisch in nicht zu kleine Stücke schneiden und mit so viel Weißweinessig übergießen, daß die Früchte bedeckt sind. 12 Stunden stehen lassen.

3. Den Essig abgießen, mit Zucker, Gewürznelken, Zimtstange und Zitronenschale zum Kochen bringen (auf 1 Liter Weinessig kommen 750 bis 1000 g Zucker). Mit einem Löffel abschäumen, die Kürbisstückchen dazugeben und darin weich kochen.

4. Die gegarten Kürbisstücke mit dem Schaumlöffel aus dem Sud holen und in Gläser füllen. Den Sud dick einkochen lassen und über die Früchte gießen. Die Gläser gut verschließen und auf die Deckel gestellt abkühlen lassen.

Zwetschgen in Rotwein

2½ kg entsteinte Zwetschgen
1 kg Zucker
½ l bester Rotwein
¼ l Himbeeressig
1 Zimtstange
⅛ l 96 %iger Alkohol

1. Die Zwetschgen in ein großes Glas oder einen Steinguttopf schichten.

2. Zucker mit Rotwein und Essig zum Kochen bringen und heiß über die Zwetschgen gießen. Diesen Vorgang in den beiden folgenden Tagen einmal täglich wiederholen.

3. Am 4. Tag die Zwetschgen mit dem Sud und einer Zimtstange in einen Topf geben und aufkochen lassen. Dann zurück in das Glas oder in den Steinguttopf füllen. Mit Alkohol übergießen und gut verschließen.

Rotweinzwetschgen sind eine wohlschmeckende Beilage zu Wildgerichten und anderem dunklen Fleisch, aber auch ein leckerer Cocktailhappen.

Preiselbeeren in Tokajer

1 kg Preiselbeeren
500 g Zucker
3–4 Gewürznelken
⅛ l edelsüßer Tokajer

1. Die Beeren sehr sorgfältig verlesen, waschen und in einem weiten Topf bei mittlerer Hitze unter ständigem Rühren zum Kochen bringen. Nach dem ersten Aufwallen den entstandenen Schaum abschöpfen.

2. Den Zucker und die Nelken hinzufügen und so lange kochen lassen, bis sich der Zucker völlig aufgelöst hat. Es darf beim Rühren nicht mehr knirschen.

3. Nun den Wein dazugießen und noch einmal 10 Minuten kochen lassen.

4. Von der Kochplatte nehmen und unter ständigem Rühren etwas abkühlen lassen. In Gläser füllen, verschließen und auf die Deckel gestellt abkühlen lassen.

Köstlich sind auch Preiselbeeren in Zucker. Dazu 5 kg Beeren sehr sorgfältig verlesen, waschen und in einem weiten Topf bei mittlerer Hitze unter ständigem Rühren zum Kochen bringen. Nach dem ersten Aufwallen den entstandenen Schaum abschöpfen, den Zucker zugeben und in etwa 1 Stunde dick einkochen lassen. Sofort in Gläser füllen, gut verschließen und auf die Deckel gestellt abkühlen lassen.

Walnußecken

75 g Walnußkerne
10 g Butter
400 g Marzipanrohmasse
100 g Puderzucker
3 EL Himbeergeist
ca. 100 g helle Vollmilchkuvertüre
100–150 g halbierte Walnüsse zum Verzieren

1. Die Walnußkerne hacken und in Butter goldbraun rösten.

2. Die Marzipanrohmasse mit Puderzucker verrühren und die gerösteten Nüsse sowie den Himbeergeist untermischen. Die Masse über Nacht kühl stellen.

3. Am nächsten Tag 1 cm dick ausrollen, runde Plätzchen mit 7 bis 8 cm Durchmesser ausstechen und jede Scheibe sechsteln.

4. Die Kuvertüre im Wasserbad auflösen und die Walnußecken damit überziehen. Sofort mit den halbierten Walnüssen verzieren und auf einem Kuchengitter abtropfen und erstarren lassen.

Ebenso verführerisch schmecken Ingwerstäbchen: 4 kandierte Ingwerknollen in Streifen schneiden und in Puderzucker wälzen oder in Kuvertüre tauchen und auf dem Kuchengitter trocknen lassen.
Walnußecken und Ingwerstäbchen waren ebenso wie selbstgemachte Nudeln, hübsch verpackt in Leinensäckchen, ein willkommenes Geschenk unserer heranwachsenden Söhne an die Großeltern und Tanten.

Apfelkonfitüre

1 kg Borsdorfer- oder Renettenäpfel
1 kg Zucker
abgeriebene Schale von 1 unbehandelten
Zitrone
4 EL Arrak

1. Die Äpfel waschen, schälen, grob zerschneiden und mit so viel Wasser begießen, daß die Äpfel knapp bedeckt sind. Zum Kochen bringen und bei mittlerer Hitze garen.

2. Die weichgekochten Äpfel durch ein Sieb passieren und den entstandenen Apfelbrei mit Zucker und Zitronenschale kochen, bis die Masse so dick ist, daß beim Rühren der Topfboden zu sehen ist.

3. Den Arrak unterrühren und die Konfitüre in einen Steintopf füllen. Abkühlen lassen und mit einem in Arrak getränkten Pergamentpapier zubinden.

Früher standen in fast jedem Garten Gold-renetten-Apfelbäume. Leider wird es immer schwieriger, diese aromatische Apfelsorte zu bekommen. Das Rezept für diesen herrlichen Apfelbrei stammt aus der Zeit um die Jahrhundertwende. Er wurde damals weniger als Brotaufstrich, sondern vielmehr zum Füllen von Pfannkuchen und anderen Süßspeisen verwendet.

Orangenmarmelade

12 dünnschalige Blondorangen
1½ l Wasser
3 Gewürznelken
1¾ kg Zucker
2 TL Zitronensäure
4 cl Weinbrand

1. Die Orangen so schälen, daß die weiße Haut völlig entfernt ist. Das Fruchtfleisch vierteln, entkernen und in kleine Stücke schneiden. In einen Topf geben, mit Wasser begießen und 30 Minuten kochen. Die Orangenkerne und die Gewürznelken in einem Leinensäckchen verpackt dazugeben und 24 Stunden durchziehen lassen.

2. Am nächsten Tag mit dem Zucker zum Kochen bringen und 3 bis 4 Stunden unter gelegentlichem Rühren köcheln lassen. Die Zitronensäure hinzufügen. Sobald die Masse zu gelieren beginnt, den Weinbrand untermischen. In Gläser füllen, gut verschließen und auf die Deckel gestellt abkühlen lassen.

Schlehensaft

2 l Schlehen
1 l Wasser
200 g Zucker (auf 1 Liter Saft)

1. Die Schlehen sorgfältig waschen, in einen Topf geben und mit kochendem Wasser übergießen. Die Früchte müssen mit Wasser bedeckt sein. An einem warmen Ort 24 Stunden ziehen lassen.

2. Durch ein Sieb gießen und die Flüssigkeit erneut zum Kochen bringen. Wieder über die Früchte gießen und diesen Vorgang nach weiteren 24 Stunden noch einmal wiederholen.

3. Am dritten Tag erneut durch ein Sieb gießen. Den aufgefangenen Saft mit Zucker verrühren und 40 bis 50 Minuten bei schwacher Hitze köcheln lassen.

4. Den heißen Saft sofort in Flaschen füllen und gut verschließen.

Schlehen zu sammeln, ist eine mühevolle und stachelige Angelegenheit, aber es lohnt sich, denn der Saft schmeckt traumhaft und ist zudem sehr, sehr gesund. Das beste Aroma haben die blaubereiften Beeren nach dem ersten Frost.

Roher Weichselsaft

3 l frisch gepreßter, filtrierter Weichselsaft
2 l abgekochtes Wasser
50 g Weinsteinsäure
750 g Puderzucker

1. Die Früchte waschen, entstielen und entkernen und mit Hilfe einer Saftpresse entsaften. Durch ein mit einem Mulltuch ausgelegtes Sieb abtropfen lassen.

2. Den entstandenen Saft mit dem abgekochten Wasser und der Weinsteinsäure vermischen und 24 Stunden stehen lassen.

3. Erneut durch ein mit einem Mulltuch ausgelegtes Sieb gießen und mit dem Puderzucker verrühren.

4. In Flaschen füllen, gut verschließen und kühl aufbewahren.

Die gekochte Weichselsaftversion finde ich auch sehr aromatisch: 6 kg Weicheln werden mit den Kernen zerquetscht in einen Topf gegeben und mit 1/8 Liter Wein unter Rühren gekocht. Dann gießt man die Mischung durch ein Sieb, mischt 1700 g Zucker pro 1 Liter Saft hinzu und kocht den Saft so lange, bis er sulzig vom Löffel fällt. In weitere Gläser füllen, gut verschließen und kühl stellen. Verführerisch gut: Vanilleeis mit dem geleeartigen Weichselsaft übergossen.

Holunderlikör

2 kg Holunderbeeren
2 l Wasser
750 g Zucker
1 Vanilleschote
¾ l 96 %iger Weingeist

1. Die Beeren von den Holunderdolden ab-
streifen und waschen. In einen Topf geben,
mit Wasser begießen und zum Kochen bringen.

2. Durch ein mit einem Mulltuch ausgelegtes
Sieb gießen, dabei auf keinen Fall ausdrücken.

3. Den entstandenen Saft mit dem Zucker und
der aufgeschlitzten Vanilleschote 30 Minuten
kochen.

4. Die Vanilleschote herausfischen und den
Weingeist unter den Saft rühren. In Flaschen
abfüllen und gut verschließen.

*Auf die gleiche Weise können alle Beerenliköre
zubereitet werden. Sehr gut schmeckt Johan-
nisbeerlikör aus roten oder noch besser aus
schwarzen Beeren.*

Eierlikör

½ l Wasser
250 g Zucker
12 frische Eier
¼ l 96 %iger Weingeist
50 g Traubenzucker
3 EL Arrak

1. Aus Wasser und Zucker eine Zuckerlösung
kochen und abkühlen lassen.

2. Die Eier mit den Schneebesen eines Handrührgerätes verquirlen. Die Zuckerlösung erst
tropfenweise, dann in einem dünnen Strahl
unter die Eiermasse schlagen.

3. Traubenzucker und Arrak unterschlagen
und zum Schluß den Weingeist untermischen.

4. In Flaschen füllen und gut verkorken.

Rumtopf

Früchte der Saison
beginnend mit Erdbeeren, Himbeeren, Sauerkirschen, Aprikosen, Pflaumen
Pfirsichen, Mirabellen, Birnen, Ananas
jeweils die Hälfte des Fruchtgewichts an Zucker hinzufügen
2 Flaschen 56 %iger Rum

1. In einen entsprechend großen Steingut-topf legt man die Früchte der Jahreszeit ein. Es geht los mit den Erdbeeren!

2. Die Früchte waschen, entkelchen und auf einem Tuch ausgebreitet an der Luft trocknen lassen. In das Gefäß legen, mit der entsprechenden Zuckermenge überstreuen und mit so viel Rum übergießen, daß die Früchte ca. 3 cm damit bedeckt sind. Um das Aufsteigen der Beeren zu vermeiden, empfiehlt es sich, einen Teller auf die Früchte zu legen. Das Gefäß möglichst luftdicht verschließen und im kühlen Keller oder im Kühlschrank ruhen lassen. Ab und zu etwas durchschütteln, damit sich der Zucker nicht am Boden festsetzt.

3. Alle 10 Tage den Flüssigkeitsspiegel über-prüfen und eventuell Rum nachfüllen, er muß immer 3 cm über den Früchten stehen.

4. Nun kommen auf die gleiche Weise Him-beeren, Sauerkirschen und Aprikosen hinzu. Alle Früchte jeweils mit der Hälfte ihres Ge-wichts mit Zucker vermischen und in den Topf geben. Die Sauerkirschen kommen mit den Kernen in den Rumtopf. Aprikosen und Pfirsiche werden kurz in kochendes Wasser getaucht und gehäutet. Aprikosen halbieren, die Pfirsiche vierteln und dazugeben.

5. Anschließend folgen blaue und gelbe Pflau-men sowie Mirabellen, die alle entkernt und halbiert werden. Bei Birnen sind die kleinen Sorten zu bevorzugen. Die Früchte mit der Schale in kochendes Wasser geben, kurz auf-kochen und auf Küchenpapier abtropfen las-sen. Schälen und in den Rumtopf schichten.

6. Den Abschluß bildet eine frische Ananas. Die Frucht schälen, halbieren, das harte Mit-telstück entfernen und das Fruchtfleisch in kleine Stücke schneiden. Mit der genau abgewogenen Zuckermenge vermischt in den Rumtopf geben.

7. Nun den Topf möglichst luftdicht ver-schließen und wieder kühl stellen. 4 Wochen nach der letzten Fruchtzugabe noch einmal mit ½ Flasche Rum begießen. Dann bis min-destens Anfang Dezember, besser bis Weih-nachten, ruhen lassen.

Rumtopf ist für mich ein ganz besonderer Vorrat – bietet er doch einen traumhaften Querschnitt durch die Jahreszeiten. Zu Weihnachten gibt es nichts Schöneres, als die das ganze Jahr hindurch geernteten Früchte auf so wohlschmeckende Weise zu genießen.

Keimöl – unverzichtbar
für ernährungsbewußtes Kochen

Mazola Keimöl ist das Öl für die moderne und abwechslungsreiche Küche. Das geschmacksneutrale Öl unterstützt den Eigengeschmack der verschiedensten Speisen. Mazola Keimöl bringt aber nicht nur Genuß, sondern ist auch von hohem gesundheitlichem Wert.

Die Natur gibt ihr Bestes.

Mazola Keimöl wird ausschließlich aus dem frischen Keim des Korns gepreßt. In diesem Keim ist die spätere Pflanze vorprogrammiert, daher enthält sie all die Wert- und Wirkstoffe, die für dynamisches Wachsen wichtig sind. Gleichzeitig hat der Keim die Fähigkeit, jahrzehntelang unverändert zu warten, bis der Wachstumsimpuls kommt.

Für Mazola Keimöl wird nun dieser Keim aus dem Korn herausgeholt und sofort gepreßt. Deshalb bleiben alle wertvollen Bestandteile, die die Natur hineingelegt hat, im wesentlichen unverändert im Öl erhalten. Bei der anschließenden notwendigen Reinigung wird peinlichst darauf geachtet, daß kein Sauerstoff an das Öl gelangt. Selbst beim Abfüllen wird aus dem Kopfraum der Flasche der Sauerstoff entfernt und die Flasche gasdicht verschlossen. Denn Sauerstoff läßt das Öl ranzig werden.

Wertvolle Keimwirkstoffe für die gesunde Ernährung

Ein wertvolles Ausgangsprodukt, nämlich der Keim, und die äußerst schonende Verarbeitung gewährleisten, daß in Mazola Keimöl die wichtigen Keimwirkstoffe, unter anderem Vitamin E, enthalten sind. Für eine gesunde Ernährung sind diese Wirkstoffe unerläßlich, und mit Mazola Keimöl bekommt sie der Organismus. Das Schönste dabei: Es verfeinert die Speisen, was eben nur mit einem geschmacksneutralen Öl möglich ist. Deshalb ist Mazola Keimöl nicht nur gut für Salate, sondern auch zum Braten, Dünsten, Schmoren, Grillen, Marinieren und Backen. Mazola Keimöl leistet auf wohlschmeckende und vielseitige Weise einen wertvollen Beitrag zu einem gesunden und genußvollen Leben.